TREIZE GRAINS DE MAÏS

Du même auteur

Les Cinq Filles du Grand-Barrail, éditions De Borée, 2002.

Quatre sons de cloche, éditions De Borée, 2001.

L'Étang des Trois-Jules, Publi-fusion éditeur, 1993.

Diffusion : De Borée
53, rue Fernand-Forest - Z.A. de l'Artière - 63540 Romagnat
Achevé d'imprimer en France en février 2004
Dépôt légal février 2004
ISBN 2-84494-208-3

Geneviève Callerot

Treize grains de maïs

De Borée

I

Ninie fait sa place

Louisa se trouva bien en peine lorsque son père tomba d'une attaque et mourut trois jours plus tard.

Comment mener le bien ? Depuis dix ans que son mari s'en était allé d'une mauvaise pleurésie, ses parents et elle avaient tout fait pour maintenir la terre en bon état ; mais l'homme parti, les trois femmes qui restaient ne pouvaient suffire.

La mère, déjà vieille et usée par un travail incessant, ne tarderait guère à être à bout. La drôlesse, trop jeune, n'était pas encore d'un grand secours. Ah ! si la Jeanne les avait écoutés ! Il y aurait présentement un gendre robuste pour leur aider. Mais non, il avait fallu que la fille aînée prenne un gendarme ! À dix-huit ans, elle s'en était allée avec son mari à l'autre bout de la France, vu que dans la maréchaussée, il n'est guère facile de faire carrière au pays.

Alors que faire ? Prendre un commis ? Impossible : outre que ça coûterait cher et qu'il faudrait se saigner aux quatre veines pour arriver à le payer, il y avait un autre empêchement :

« Si je prends un vieux, songeait Louisa, il n'aura guère de forces, risquera tomber malade et nous faudra le soigner. Si je prends un homme dans la force de l'âge, comme j'ai tout à peine quarante ans, on parlera sur moi. Si j'en prends un jeune, on parlera sur ma drôlesse. »

À force de tourner et retourner les affaires dans sa tête, elle finit par voir qu'il n'y avait qu'une solution : il lui fallait marier la petite.

La Laurence avait fini ses seize ans, le temps de lui choisir un homme, elle aurait largement l'âge de se marier.

La vieille, consultée, fut de cet avis.

Tout en menant sa fille au bal, Louisa écoutait et observait, afin de se trouver le gendre idéal. Après bien des hésitations, elle finit par jeter son dévolu sur un simple fils de métayer. N'ayant rien, il ne risquerait pas quitter la femme qui lui portait tout.

Rodolphe avait travaillé avec ses parents jusqu'à ce que son frère aîné se marie et reprenne la métairie, alors il s'était placé. C'était un excellent travailleur, sérieux, économe, point bavard, prenant à cœur les intérêts de ses patrons. Il ne sortait guère et passait ses dimanches à soigner les bêtes, pendant que le fils de la maison allait batifoler avec des jeunes fous de son âge.

Louisa le fit pressentir par un conseiller municipal, homme respectable en qui on pouvait avoir confiance.

« Vois-tu, Rodolphe, dit-il au jeune homme, pour toi ce serait une bonne affaire et pour elles-z-autres aussi. Tout le monde y trouverait son compte. »

Rodolphe ne balança pas longtemps. Les inconvénients qu'il y avait à aller gendre ne comptaient guère au prix de tous les avantages : rester sa vie durant sur une terre dont il serait quasiment patron. Il se pensait : « La Louisa a toujours eu coutume de suivre les ordres de son père, et tout le monde sait que la Laurence est de bon commandement. Enfin, elle est si jeune encore qu'elle n'aura point l'idée de me contrer, moi qui suis un homme raisonnable de huit ans son aîné, et que certes, je ne lui ferai jamais de misères ! »

Il connaissait bien les Doucettes, pour y avoir été souvent aider aux battages ou aux vendanges. La propriété était plaisante et Rodolphe sentait son cœur bondir de joie à l'idée d'entretenir et d'améliorer le bien.

C'était un petit vallon. Un minuscule ruisseau, le Riou rouge le partageait par moitié. À gauche, des terres de Double silico-argileuses ; à droite, déjà presque le bon pays aux riches terres calcaires.

D'un côté, il y avait en bas des prairies naturelles, puis des terres ; en haut, à l'abri des gelées, les vignes.

De l'autre bord, ça tirait davantage sur les terres à céréales, et même on pouvait y faire un peu de luzerne, alors qu'elle ne vient pas du tout dans le pays.

« Nous sommes aux frontières de la Double », avait l'habitude de dire le père de Louisa avec fierté.

Oui, une jolie place, pas grande, mais assez pour y faire gentiment ses affaires et élever deux ou trois familles.

Pour un garçon sans bien, c'était la chance de sa vie. De plus, ce qui ne gâtait rien, Laurence était jolie fille : des cheveux châtains bouclés naturel, des traits fins, de jolis yeux noisette.

Rodolphe, lui, n'était pas beau : un grand nez pointu, de petits yeux, une longue figure lui donnaient l'air un peu chafouin, encore accentué par une bouche serrée qui s'ouvrait rarement pour parler et encore moins pour rire.

Tel qu'il était, il ne déplut pas à Laurence. Elle savait que cette apparence sévère cachait de très grandes qualités et se laissa aisément persuader par sa mère qu'il ferait un bon mari.

Il le fut, et un bon gendre pour Louisa, et aussi un bon petit-fils pour la grand-mère. Lorsqu'elle devint infirme et qu'il fallut la porter de son lit à son fauteuil, il s'acquitta des soins avec dévouement, plein de douceur jusqu'à la fin de la pauvre vieille.

Entre les deux époux, il n'y eut jamais d'amour fou, mais une entente dans le travail, une estime et une amitié réciproque que la naissance d'un petit Raymond augmenta encore. Jeanne, la sœur de Laurence et son gendarme de mari furent le parrain et la marraine, ce qui arrangea un peu les rapports entre la fille aînée et les habitants des Doucettes.

Jeanne, de caractère acariâtre, se plaignait de ne rien toucher sur la part d'héritage qui lui revenait de son père. Mais Louisa lui faisait remarquer que sa sœur et son beau-frère avaient eu la charge de la grand-mère et qu'ils auraient la sienne le moment venu.

Pour Rodolphe, il avait compris dès avant son mariage que Jeanne serait un gros problème au moment des partages. Enfin, comme elle n'avait pas d'enfant, il espérait que tout reviendrait un jour à son fils et il était décidé à *soupler* sur bien des choses afin de ne point déplaire à « la mauvaise bête », comme il appelait par-devers lui sa belle-sœur. C'est pourquoi, lorsque Louisa mourut subitement quelques années plus tard, Rodolphe et Laurence laissèrent Jeanne tout partager par moitié, sans trop rien dire. Elle s'adjugea le bon côté du vallon, mais consentit quand même à le louer à son beau-frère. Elle voulut aussi la moitié du logement bien qu'elle et son mari n'y vinssent que quelques jours chaque année.

La maison ne manquait pas de cachet, avec sa génoise, son toit à croupe couvert de vieilles tuiles plates patinées par le temps. Posée sur une sorte de petite esplanade, au début du vallon, la façade au levant avait deux fenêtres de chaque côté. Au milieu, une grande porte donnait dans le corridor sur lequel s'ouvrait une pièce à droite, une pièce à gauche. Au fond, un escalier menait aux deux chambres hautes.

Bien entendu, Jeanne voulut sa moitié : une salle en bas et une en haut, les corridors et l'escalier restant communs. Il fallut bien en passer par là.

Lorsque Raymond attrapa ses cinq ans et commença à aller à l'école, ses parents firent mettre une cloison en planches qui partageait la chambre du haut en deux parties inégales ; une première très petite, éclairée par une porte vitrée donnant sur le corridor : la chambre de Raymond. Il fallait la traverser pour atteindre celle des parents, pas grande non plus, mais avec la fenêtre.

Quelques années passèrent comme cela, Rodolphe et Laurence travaillaient dur. La propriété n'était pas très importante et ils employaient les mêmes méthodes que leurs vieux. Ni l'un ni l'autre n'étaient entreprenants, ils se contentaient de continuer au mieux ce qu'ils avaient vu faire de tout temps. Ils vivaient modestement, payant régulièrement le fermage de Jeanne et ne devant rien à personne.

Cela aurait pu durer longtemps encore, mais l'accident arriva, brutal, imprévisible.

Dans ce moment, il y avait deux paires de vaches pour travailler. Sur les jeunes, rien à dire, mais voilà que les vieilles prirent une mauvaise manie : elles se couchaient sur l'aiguille de la charrette et se poussaient l'une l'autre, au risque d'aller au fossé et de verser. Rodolphe fit ce qu'on fait en ces cas-là : il entoura deux ou trois fois le timon avec du fil ronce puis, pour l'empêcher de glisser, il prit une grosse pointe de Paris et l'enfonça d'un tiers dans le bois, au travers des barbelés. Lorsque les vaches voulaient s'appuyer sur le timon, elles se piquaient et s'écartaient vite.

Une belle journée, pendant les foins, Laurence qui avait fait le charroi, était restée dessus. En arrivant à la grange, elle voulut descendre par-devant comme elle en avait l'habitude, brusquement une des ferrures qui tenait la fourragère céda et Laurence se trouva projetée sur l'aiguille, la fourragère et le foin sur le ventre. Vite, Rodolphe la dégagea et la porta à la maison.

« Je ne me sens de rien, je n'ai pas de mal, dit-elle, c'est juste que je ne peux pas remuer les jambes. »

Laurence ne pouvait pas marcher, et ne marcha plus jamais. Elle était tombée l'échine sur le clou qui dépassait de l'aiguille et, comme l'expliqua le docteur, ça lui avait percé l'arête centrale.

Rodolphe patienta pas loin d'une année, puis il lui fallut se rendre à l'évidence : jamais Laurence, sa femme, ne travaillerait comme devant. Même si, par miracle, ses jambes reprenaient vie, dans l'état de faiblesse où elle se trouvait, il passerait bien de l'eau sous le pont de Saint-Martin avant qu'elle puisse lui aider de nouveau à travailler dehors.

Leur fils n'avait que huit ans, c'était encore plus une charge qu'une aide. Il fallait voir les choses en face. Rodolphe dit à sa femme :

« Rien que moi et le drôle, ça sera pas possible de venir à bout du travail. Y a déjà bien des affaires qui restent à la traîne depuis ton malheur.

— Si tu crois que je ne le vois pas !

— Je ne peux pas faire davantage.

— Hélas ! Moi, je ne peux rien plus faire.

— J'ai songé qu'on pourrait prendre quelqu'un pour nous donner la main.

— Ça va nous coûter bien de l'argent.

— C'est sûr, mais peut-être, on pourrait avoir deux *coches* en place d'une ?

— Ça peut se faire, oui, mais faudrait trouver un quelqu'un qui connaisse les gorets. Et puis, qui dit que je pourrais entretenir les effets d'un commis, éplucher davantage pour la soupe, alors que déjà j'ai tout à peine à en venir à bout pour toi et le drôle.

— C'est pourquoi il nous faut prendre une fille.

— Une fille ! Mais c'est pas une *gouyatte* qui pourra te faire passer les fourchées de foin ni tirer droit un labour !

— Tu le faisais bien, toi !

— Oui, mais quand on s'est mariés, j'avais déjà dix-sept ans !

— Qui te parle de prendre une drôlesse de sept ou huit ans ? Non, il nous faut une commise costaude, dans les seize dix-huit ans.

— Va donc la trouver ! À cet âge, elles sont quasiment toutes mariées ou dans une bonne place. D'une manière ou d'une autre, leur situation est faite.

— Écoute, Laurence, tu as raison, mais j'ai songé qu'on pourrait peut-être avoir une servante autrement.

— Et comment ?

— Il y a ton cousin qui connaît l'inspecteur de l'Assistance publique, en lui expliquant ce que nous voulons, on peut des fois bien rencontrer.

— Comme aussi tout à fait mal. On ne sait jamais d'où ça sort, ça peut être race de baladin ou d'esprit dérangé, et puis, ils ne sont pas donnants les messieurs de l'Assistance.

— C'est sûr que c'est assez *chérant*, mais d'un autre côté, ce qui est dit est dit. Tu n'auras pas tous les quatre matins les parents qui viendront pleurer pour avoir une augmentation, puis des reproches de ceci ou cela. Et les dimanches où la gouyatte ira chez elle et ne reviendra pas de huit jours parce que les parents tuent le goret ou que ses petits frères ont la rougeole. Crois-moi, à bien réfléchir, on est tout de même moins embêté avec l'Assistance.

— Écoute, Rodolphe, fais donc à ton idée. Moi, voilà que je suis tout à fait infirme. Je comprends bien qu'il te faut de l'aide. »

Après des mois de démarches, enquêtes et paperasses, les Roussion reçurent l'avis qu'il leur avait été attribué une nommée Léonie Saurin, âgée de quinze ans. Elle arrivait des Charentes. Par la Dordogne, il n'y avait rien eu à faire. Rodolphe se désolait un jour de foire en buvant un coup avec Henri, son camarade de régiment et copain de toujours :

« Je ne sais pas comment nous allons faire. Ah ! si seulement on restait de l'autre côté de la rivière, on aurait plus de chances d'avoir une servante !

— Comment ça se fait ?

— Paraît que la Charente c'est un département d'accueil.

— Et alors ?

— Alors, ils reçoivent du monde de loin, même de Paris à ce qu'on dit.

— Tu ne vois pas qu'on t'envoie une Parisienne !

— Ça te fait rigoler toi, mais moi non. Pas plus de Parisienne qu'autre chose, j'aurai rien parce qu'on reste pas en Charente.

— Mais dis donc, Rodolphe, j'ai une idée tout à coup : Laurence a pas un bien du côté de Chalais ?

— Si peu de chose, ça lui vient de sa mère, un morceau de baraque de moitié avec sa sœur.

— Tu paies pas les impôts ?

— Si, bien sûr, mais c'est pas gros.

— Gros ou pas, Laurence est propriétaire en Charente. Te faut en jouer, ça doit pouvoir marcher. »

Ce fut long, mais ça marcha.

Lorsque la fille arriva enfin, Raymond qui avait neuf ans, la guettait de derrière le pailler. Il ne put s'empêcher de faire la grimace. On ne sait pourquoi, il s'attendait à voir une longue fille mince et blonde et c'est tout le contraire qu'il avait devant les yeux.

Léonie était de taille moyenne, mais ses formes la faisaient paraître petite. À la fois large et plate, les épaules carrées, les hanches fortes, peu de ventre, de fesses et de poitrine, sans un gramme de graisse, toute en os et en muscles, ses bras ronds et ses mollets énormes contribuaient encore à lui donner une allure masculine.

Les yeux, noirs comme des grains de raisin et la ronde figure bistre faisaient ressortir la blancheur des dents. Larges et solides, légèrement écartées les unes des autres, elles brillaient chaque fois que la fille souriait, de son étrange sourire éclatant. Un des coins de la grande bouche se relevait jusqu'à l'oreille et un des petits yeux se mettait à cligner à toute vitesse, semblant lancer un appel, inviter ses vis-à-vis à on ne sait quelle connivence.

Le fort nez en trompette ajoutait encore à son air de se ficher du monde ; mais c'était avec tant de bonne humeur qu'on ne pouvait s'en fâcher.

« Adieu, patronne, dit-elle en entrant dans la maison.

— Adieu, Léonie », répondit Laurence.

La fille se mit à rire :

« Personne a jamais dit Léonie, c'est la Ninie qu'on m'appelle.

— Hé bé, Ninie, pose tes effets et viens faire quatre-heures. »

Raymond couchait à présent dans la chambre de ses parents puisque ceux-ci avaient monté un lit dans la cuisine au moment de l'accident de Laurence.

Tout naturellement, Ninie s'installa dans la petite pièce noire, à côté du drôle et ça ne la gênait ni ne la choquait que Raymond fût obligé de traverser chez elle pour aller au lit. Du reste, elle n'était guère gênée elle-même. Lorsqu'elle avait envie de dire quelque chose, elle mettait les points sur les i, avec un gros bon sens rude, sans s'embarrasser de savoir si cela faisait plaisir ou non. Et ma foi, ça ne choquait pas trop, parce qu'elle avait une manière à elle de dire les affaires avec un grand sourire en clignant ironiquement de son petit œil noir, ce qui faisait qu'on ne savait jamais si elle parlait sérieusement ou non, et si c'était d'elle ou des autres qu'elle se moquait. Mais, mine de rien, ce qu'elle disait faisait réfléchir son entourage et, au bout d'un temps, il fallait bien reconnaître qu'elle avait raison.

Seule Jeanne, lorsqu'elle vint dans l'été, ne fut pas de cet avis. À première vue, Ninie lui déplut de tout en tout :

« Ta négresse, disait-elle à Laurence, ton sale gibier de négresse… »

Où avait-elle été chercher ça ? Ninie n'avait rien de cette race, tout au plus aurait-on pu dire qu'elle tirait vers les Jaunes à cause de ses cheveux noirs et raides, de sa figure ronde et de son teint bistre. Mais Jeanne n'en démordit jamais. Pour elle Ninie fut et resta toujours la négresse, à la fois crainte et détestée.

Ninie s'en moquait pas mal, la supportait sans répondre pendant les quatre jours qu'elle passait aux Doucettes et l'oubliait dès qu'elle avait tourné les talons. Mais elle s'était tout de suite attachée à la pauvre Laurence qui lui faisait grand pitié.

Lorsqu'elle la soulevait dans ses bras vigoureux pour la porter de son lit à son fauteuil, elle atténuait le plus qu'elle le pouvait sa brusquerie naturelle. L'infirme lui en était reconnaissante, mais ne pouvait s'empêcher de penser que Rodolphe était quand même bien plus doux et lui faisait moins de mal que cette grande brutale. Mais Ninie était tellement vaillante ! Sitôt calé Laurence avec un coussin et mis à sa portée les légumes à éplucher, le linge à raccommoder ou le tricot, Ninie courait aider Rodolphe, ou plutôt, très vite, se faire aider par lui, parce qu'elle avait voyagé d'une place à l'autre et en savait bien plus que lui sur la manière de travailler la terre et de soigner les bêtes. Il résistait un peu, inquiet de ces nouvelles méthodes, puis, comme ce n'était pas un combatif, il finissait par céder et en général, il s'en trouvait bien.

Ainsi, Ninie dit un jour à Rodolphe :

« Pourquoi vous faites cuire les *topines* pour les gorets ? Y a qu'à leur donner crues.

— Ils voudront pas les manger.

— Vous croyez ça ! Essayez voir un peu.

— Hé bé non, ça risque leur faire du mal.

— Pensez-vous ! J'ai travaillé à d'une place où on faisait jamais cuire pour les porcs, ils étaient dans un enclos et on leur balançait tout par-dessus la clôture : topines, betteraves, même les petites patates.

— Tout cru ?

— Bien sûr, et surtout pas lavé.

— Tu sais pas ce que tu dis : pas lavé, c'est pas possible !

— Je vous jure ! Regardez votre coche qui a amené il y a deux mois, elle est maigre, les petits profitent mal, toujours fermés dans un toit sans jamais de soleil.

— C'est pas les topines crues qui leur donneront du soleil.

— Non, mais elles porteront autre chose. Je me suis laissé dire que les petits gorets, c'est du fer qu'il leur faut pour profiter, et ce fer, ils le trouvent dans la terre. C'est pourquoi il ne faut pas laver les affaires qu'on leur donne.

— Tout ça, c'est des histoires, on a toujours fait de même et je ne vois pas pourquoi on changerait de mode.

— Ah ! vous ne voyez pas pourquoi ? Eh bien moi, je le vois ! Tout ce temps qu'on perd à gratter les affaires, puis à tirer de l'eau du puits pour les laver, garnir la chaudière et faire cuire cette *breunée*. À chaque instant, faut venir attiser le feu et tout ce bois que ça mange d'un bout de l'année à l'autre !

— Mais c'est que du bois de rebut !

— D'accord, c'est pas des brasses de bon chêne vendable, pourtant c'est du bois comme les autres : il tient par un bout. Faut le couper, le charger, le décharger. Vous vous rendez compte du travail de plus qu'on pourrait faire si on n'avait pas ce bazar à entretenir jour après jour ?

— Y a quand même des affaires qu'on peut pas leur donner crues.

— C'est vrai, mais on ferait cuire la moitié du temps que ça nous soulagerait déjà bien.

— Tu as peut-être raison, seulement je veux pas risquer de perdre mes gorets.

— Écoutez, patron, on va faire une affaire. Vous me laissez soigner la jeune coche à ma fantaisie et si elle crève, je vous la paierai.

— Et avec quoi, pauvre gouyatte ? Tu sais bien que les messieurs de l'Assistance te font placer ton argent jusqu'à temps que tu aies vingt et un ans.

— Mais les sous qu'ils me laissent, je les mettrai de côté, dix ans s'il le faut, et je vous garantis que vous ne perdrez rien.

— J'en parlerai à la Laurence. »

Celle-ci, consultée, dit qu'il fallait laisser Ninie faire à sa guise, qu'elle n'était point sotte, qu'elle connaissait les gorets et qu'elle mettrait d'autant plus de cœur à les soigner qu'elle s'en était rendue responsable.

Jamais coche ne fut plus mignotée que celle qui devait mettre bas un mois plus tard. Quatre jours avant son terme, Ninie installa des bottes de paille pour coucher à côté de la truie. La troisième nuit, Ninie fut réveillée par une agitation insolite : la bête tournait en rond, essayait un coin, puis un autre, enfin, elle trouva un endroit à sa convenance et y apporta de grosses bouchées de paille qu'elle prenait à droite et à gauche, mâchait soigneusement en l'imbibant de salive pour la rendre plus moelleuse ; elle bouscula Ninie pour arracher la paille de dessous elle. La fille lui parla doucement, la caressa. L'animal la reconnut, fit quelques grognements amicaux et repartit rapidement arranger son nid, le temps pressait. Dix fois, elle s'étendit, se releva, courut chercher quelques brins.

Ninie, assise dans un coin, ne la quittait pas des yeux. Elle la vit tout à coup s'étendre complètement en poussant de brefs petits grognements saccadés, son flanc se contracta, sa queue se mit à s'agiter à toute vitesse et flof : une petite masse rose jaillit, puis une seconde, tête-bêche, se débattant pour s'arracher à la poche gluante qui les enveloppait. Elles semblaient deux petites saucisses informes. Tout de suite, elles se traînèrent, s'essayant à marcher. Elles escaladèrent la queue étendue, complètement défrisée, et se mirent à ramper tout le long du dos maternel, leurs groins frottant la peau. Au contact de la paille et des soies de la truie, elles furent bientôt propres, sèches et roses. Leurs petites oreilles se décollèrent, commencèrent à s'agiter, leur donnant enfin l'apparence de porcelets.

Ninie ne les quittait pas des yeux, le moment crucial arrivait. Après avoir contourné l'oreille, le premier-né arrivait au nez de sa mère et se mettait à lui parler.

Ninie, le cœur battant, l'observait, sa baguette à la main.

« Si elle allait le tuer ? Le manger peut-être ? Ça arrive, et plus fréquemment à la première portée, comme c'est le cas pour cette coche-là », songeait-elle.

Mais non, avec des grognements très doux, la truie répondait à son petit, faisant ainsi connaissance avec lui. Il laissa bientôt la place à son frère et continua sa route, commençant à fouiller du nez la gorge de sa mère, avec de petits grognements d'impatience. Il perdit du temps en essayant de lui sucer l'épaule, l'autre le rejoignit alors et leurs minuscules groins frémissants cherchèrent les tétines, avec des cris d'affamés qui se changeaient en couinements aigus lorsque leurs nez se touchaient et que chacun croyait que l'autre tenait enfin la source. Ils s'arc-boutaient alors en se poussant de toutes leurs forces.

Après quelques grognements de remontrance, la truie, allongée, le corps offert, demeurait immobile, béate et détendue. Ayant farfouillé un moment, les porcelets finirent par trouver les tétines et s'emparèrent des meilleures : celles qui sont le plus près des pattes antérieures. À petits coups de nez, ils en firent le tour, titillant la mamelle. À ce contact, celle-ci s'emplit de lait, cela fit gonfler les tétines qui se dressèrent dures et droites, faciles à attraper. Les petits s'en saisirent alors et se mirent à boire goulûment, pattes arrière arc-boutées, pattes avant pétrissant la mamelle. Ils avalaient à gorgées rapides, fréquemment rythmées de coups de groins rageurs, pendant que leurs queues, menues, flasques et pendantes, s'agitaient d'aise et commençaient à se tire-bouchonner.

Tout était paisible. La truie s'assoupit, les porcelets, repus, dormaient le nez sur le sein maternel, leurs petits corps détendus à demi enfouis sous la paille.

Ninie, assise dans son coin, sentait le sommeil la gagner à son tour. Elle n'avait point *buffé* la lumière, sachant que le vrai travail allait commencer d'ici peu. En effet, au bout d'une demi-heure environ, la truie ouvrit les yeux, agita les oreilles avec inquiétude et finit par se lever doucement. Les petits, à peine dérangés, s'enfouirent complètement sous la paillée et reprirent leur somme.

La coche vaqua alors à diverses occupations. Elle but un peu d'eau de vaisselle, croqua un topinambour, renifla Ninie avec amitié, examina son tas de fumier, alla mettre son nez aux fentes de la porte, elle devenait nerveuse, tournait sur elle-même, cherchant à se coucher sans pouvoir se décider. Soudain, elle retourna à son nid, renifla longuement un petit porc et se coucha à côté de lui, écrasant à moitié l'autre qu'elle n'avait pas vu. Aux cris perçants qu'il poussa, elle se releva vite et vira en rond, grognant avec fureur, cherchant qui avait pu faire mal à son petit.

Ninie ne bougeait pas, voyant que le porcelet n'avait rien et sachant qu'il ne faut intervenir qu'à la dernière extrémité. Enfin calmée, la bête se recoucha, par miracle sans écraser personne, et bientôt, deux nouvelles naissances se produisirent. À leur tour, les nouveaux venus choisirent les meilleures tétines parmi celles qui restaient. Les premiers-nés s'étaient de nouveau accrochés aux leurs et chacun garderait ainsi sa tétine à lui jusqu'au sevrage, sans jamais en changer ni céder sa place à un mal loti. Les derniers-nés avaient écopé des moins bonnes, celles les plus proches des pattes postérieures. Malheur au petit dernier en surnombre, plus de tétine, plus de vie possible ! Aussi, lorsque le vétérinaire était venu castrer les porcelets, Rodolphe et Ninie avaient soigneusement examiné les femelles afin de choisir au mieux la future mère, qu'elle soit belle et vigoureuse oui, bien sûr, mais aussi qu'elle ait un grand nombre de tétines. Celle-ci en avait quatorze, alors Ninie était tranquille. Ça arrive qu'une truie ait quatorze petits, mais c'est rare, surtout pour une première portée. Du reste, ce n'est pas souhaitable, les produits sont chétifs et la mère épuisée. Mais enfin, il faut bien prendre ce qui vient.

Sur le coup de six heures du matin, en voyant un petit seul et mort, Ninie comprit qu'il n'y aurait plus de naissance. Elle partit à son travail, laissant la truie dormir, huit porcelets bien dodus et vigoureux accrochés à sa mamelle.

Dans les deux jours qui suivirent, malgré les nombreuses visites de Ninie, deux petits furent étouffés par leur mère. Elle était pourtant très douce, mais lourde, et huit petits lutins cachés sous la paille, ce n'est pas facile de les éviter tous. Dès que la mère se couchait sur un porcelet, il poussait des cris perçants, elle se relevait alors brusquement, affolée, pour se recoucher sur un autre.

Finalement, Ninie se rendit compte que c'était surtout contre le mur qu'ils risquaient s'étouffer. Ils passaient derrière le dos de la coche et il suffisait que celle-ci fasse un léger mouvement, en dégageant sa mamelle afin de mieux présenter les tétines aux petits, pour que celui qui se trouvait derrière son dos soit coincé sans pouvoir ni crier ni remuer, la truie s'appuyant lourdement sur ce qu'elle croyait être les pierres du mur. Ninie en parla à Rodolphe :

« Faudrait tâcher moyen de l'empêcher de se coucher si au près du mur.

— Oui, tu as raison, je crois que ça peut se faire, je me suis laissé dire que fallait mettre une barre de bois à vingt centimètres des murs, juste à hauteur pour que les petits puissent s'échapper par en dessous.

— Hé bé alors, si vous le savez, pourquoi on le fait pas ? »

Ils le firent et cela amena une petite amélioration. Cependant, il y eut toujours quelque étouffé et aussi certains qui perdaient leur queue, coupée par de la paille trop raide. Ces petites bêtes, elles ont la peau si tendre au naissant. C'est pas qu'une queue de goret ça soye un gros morceau, mais pour la vente, ça marque mal quand il en reste qu'un petit *boussi*[1] !

Un matin, Laurence prépara un papier :

« Te voilà les commissions, dit-elle en le tendant à Ninie, et voici les sous, ajouta-t-elle en lui donnant le vieux porte-monnaie usé et crasseux qui avait appartenu à sa mère, fais attention à ne pas l'égarer.

— Ça risque rien, n'ayez crainte, j'aurai toujours la main dessus. »

Ninie partit à la foire avec Rodolphe et un beau veau gras. Pendant que le patron vendait la bête, la gouyatte fit les emplettes, discutant sou à sou, plus ménagère de cet argent que s'il s'était agi du sien. Elle revint sur le champ de foire, le veau était encore là, mais vendu, le poil du dos coupé d'un large coup de ciseau, marque de l'acheteur. La vente arrosée au café voisin, Rodolphe arriva en s'essuyant la moustache :

« Donne-moi la main pour replacer le veau dans la carriole, dit-il à Ninie, je le descends jusqu'à la gare, et en remontant, on s'arrêtera à l'hôpital. Le vieux Tourneboule s'est fait du mal et je veux aller lui dire bonjour.

— C'est quand même drôle de s'appeler Tourneboule, j'avais jamais entendu un nom pareil, dit Ninie tout en aidant Rodolphe à recharger le veau.

---

1. Petit bout.

— Sur ses papiers, c'est marqué Dupuy, mais il y en a tant dans le pays que beaucoup ont des *saffres*.

— D'où ça lui vient le sien ?

— Tu le vois, il aime davantage faire aux boules que travailler sa terre, alors quand c'est lui qui tire et que sa boule vire du mauvais côté, pour l'encourager, il crie toujours : "Tourne boule, tourne boule !" Ça lui est resté et à présent, il y a bien du monde qui connaît même pas l'autre nom. »

*

* *

Il n'y avait guère qu'une année que Ninie demeurait chez Roussion. Plus d'une fois, elle regardait du côté de la route, prête à la suivre sans tourner la tête, comme elle avait si souvent fait depuis sa petite enfance, mais, avec l'âge, un peu plus de plomb lui était venu dans la cervelle. Et puis, quelque chose la tenait là : pour la première fois de sa vie, elle se sentait utile, voire indispensable. Le patron ne l'embêtait d'aucune manière, pas comme ç'avait été le cas en beaucoup d'autres places, seulement c'était pas un grand dégourdi et la gouyatte songeait :

« Faudra tâcher moyen qu'il se mette un peu au pas, il est trop-t-à la mode ancienne. Dans les Charentes, là où j'ai travaillé, on était davantage en avance qu'ici ; mais à présent que je suis là, ça va changer, je leur-z-aiderai. »

Et puis la patronne, elle ne lui avait jamais dit un mot plus haut que l'autre, toujours bonne et polie cette pauvre femme ! Si c'était pas malheureux de la voir infirme de même, une personne si aimable qui ne se plaignait jamais, il y en avait tant d'autres avec leurs deux jambes qui n'arrêtaient pas de faire galoper la servante, alors que celle-ci qui ne pouvait pas bouger, n'était pas exigeante pour un sou.

Ninie l'aimait et s'en serait voulu de lui faire du tort, alors, l'abandonner, c'était pas possible ! Qu'est-ce qu'ils deviendraient tous deux si la Ninie n'était pas là ? Et puis, il y avait aussi ces vieux Tourneboule, les proches voisins, lui beau parleur, toujours le fusil à l'épaule et le chien sur les talons, il passait ses journées à la chasse. Son grand travail : labourer ses *jouelles*[1]. Il en faisait grand comme un mouchoir de poche, mais c'était fait, on ne pouvait pas lui retirer ça : il savait labourer.

Quand les deux vieilles vaches tiraient un *land*, c'était droit comme un I. Après, ma foi, il ne fallait pas lui en demander beaucoup plus. C'était l'Adèle avec sa tranche qui sarclait, sarclait, sarclait. Le dernier rang fini, elle recommençait au premier ; alors, à force de gratter la terre, elle lui faisait rendre suffi-

1. Intervalle suffisant pour faire des cultures entre deux rangées de vigne.

samment de blé pour avoir le pain et assez d'autres bricoles pour nourrir tout petitement quatre poules et un mauvais goret. Le vieux taillait ses six rangs de vigne et faisait proprement les quatre façons, mais c'était Adèle qui tirait les cavaillons, attachait et relevait les lattes. Elle parlait peu, mais n'arrêtait jamais.

On disait toujours « les vieux Tourneboule » et à Ninie, ils semblaient vraiment âgés mais peut-être n'avaient-ils qu'à peine cinquante ans ! Ils étaient très pauvres, et ne le savaient pas, fiers de leur condition de propriétaires, offrant à tout passant un coup à boire, de leur mauvais vin vinaigre ou moisi. Pas chiens, toujours de bon service, et si la vieille ne quittait guère son travail, lui par contre galopait de droite et de gauche, plus vaillant chez les autres que chez lui, rapportant à sa femme quelque pinson ou quelque merle, fruit de sa chasse.

Adèle les faisait cuire à la ficelle, ou à l'étouffée, avec de l'ail et des pommes de terre. L'odeur délicieuse s'en répandait parfois jusqu'aux Doucettes !

Ninie aimait bien chez Tourneboule. Souventes fois, quand elle avait un petit moment, elle prenait sa tranche, allait trouver la vieille et lui aidait à sarcler tout en parlant. Elle se trouvait plus libre avec Adèle qu'avec Laurence parce que c'était la patronne.

Mais voilà que le vieux était à l'hôpital et Rodolphe s'assit à côté du lit où son voisin reposait, soutenu par de nombreux oreillers. Si son pied était malade, sa langue ne l'était pas et c'est à grand renfort d'éclats de voix et de gestes qu'il expliqua comment sa plus grosse vache lui était montée sur le pied pendant qu'il l'attachait. Elle avait poussé sa tête le plus loin possible dans la crèche pour attraper le foin de l'autre vache parce que, tout le monde sait que c'est toujours meilleur chez les voisins que chez soi. Alors, comme elle *accachait*[1] de toutes ses forces avec son sabot, le sien à lui s'était écrasé et le pied itou. Il avait fallu l'endormir pour sortir des morceaux de bois, même qu'il y en avait qui avaient traversé tellement que le noyer c'est dur.

Ninie s'était un peu éloignée et regardait de droite et de gauche, curieuse de cet univers qu'elle ne connaissait pas. Dans les chambres, les grabataires causaient entre eux ou avec les visiteurs venus à l'occasion de la foire, d'autres sommeillaient en gémissant. Les portes restaient ouvertes sur le grand corridor où se tenaient les semi-valides que les sœurs asseyaient dans des fauteuils. Certains jouaient aux cartes, aux dominos, la plupart se contentaient de suivre des yeux la circulation en échangeant des propos de toutes sortes avec les allants et venants : visiteurs, femmes de service, éclopés encore capables de circuler avec cannes ou béquilles.

---

1. Appuyait.

Le passage bruissait comme une ruche, il y régnait même une certaine gaieté et Ninie se sentait un peu gênée d'être jeune et solide au milieu de ces malades.

Ses petits yeux vifs regardaient de tous côtés et, lorsque Rodolphe reparut au bout d'un moment, Ninie avait vu bien des choses qu'elle ne soupçonnait pas. En revenant, elle ruminait dans sa tête. Tout d'une fois, elle prit la parole :

« Patron, j'ai vu quelque chose, là-bas à l'hôpital.

— Ouais ?

— Vous avez pas fait attention à la troisième chambre sur la gauche ?

— Ma foi non.

— Hé bé, moi, j'ai regardé, il y avait un vieux dans son lit, et sur le côté un fauteuil avec des grandes roues.

— Non, j'ai pas fait attention à ça.

— Vous croyez pas que c'est pour asseoir dedans ceux qui peuvent plus marcher ?

— C'est bien possible.

— Alors, pourquoi la patronne elle pourrait pas en avoir un de même ? On la ferait promener au dehors, elle aurait comme ça un peu de distraction et puis c'est pas sain pour une personne de rester toujours fermée dedans.

— On n'y a jamais songé, et je veux pas seulement lui en parler. Ça serait signe que j'ai perdu espoir qu'elle remarche un jour, je veux pas lui porter ce coup.

— Si elle doit guérir, c'est pas d'avoir un fauteuil à roues qui l'en empêchera.

— Oui, mais il y a autre chose : ces affaires-là, sûr que ça coûte les yeux de la tête et de ce moment, avec le médecin, les fortifiants et tout, nous autres, on n'a pas de sous de reste... »

La conversation en resta là, mais Ninie n'eut rien de plus pressé que d'entreprendre Laurence à ce sujet. Elle fit tant et si bien que cette dernière eut envie d'avoir plus de renseignements sur ce fauteuil à roues. À son premier rhume, elle demanda le docteur, malgré la résistance de Rodolphe qui ne voyait pas la nécessité de manger de l'argent pour un si petit mal. Le médecin ne trouva rien de grave, il se contenta de commander de ne pas prendre froid et de boire de la tisane de bourgeons de ronce.

Rodolphe et Ninie étaient sortis discrètement pendant l'auscultation et Laurence en profita pour faire asseoir le docteur, lui dire ce qu'elle avait dans l'idée et lui demander son avis. Au bout d'un moment, ils appelèrent Rodolphe qui traînait dans la cour. Il trouva sa femme souriante et excitée :

« Écoute, Rodolphe, ce que dit monsieur le médecin. »

Celui-ci prit la parole et expliqua que si la malade avait perdu l'usage de ses jambes, ses bras, eux restaient heureusement adroits et vigoureux. Par conséquent, un fauteuil à mécanique, elle pourrait le faire aller toute seule avec une manivelle à main. Évidemment, ça coûtait assez cher. Combien ? Il ne le savait pas au juste, mais il en parlerait à la sœur infirmière de l'hôpital, sans doute qu'elle pourrait se renseigner. Il n'y aurait qu'à aller la voir d'ici quelque temps.

Ce fut Ninie qui se rendit plusieurs fois à l'hôpital harceler les uns et les autres, s'enquérir des différents modèles, savoir où elle pourrait les examiner. On lui indiqua plusieurs infirmes, à Festalemps, à la Maure, à Ribérac. Elle alla tous les voir, même un homme qui se faisait tirer par un gros chien, mais elle trouva cela trop dangereux. L'animal pouvait prendre la course et verser la Laurence dans un fossé. Mieux valait aller moins vite, mais rester maîtresse de sa machine.

Finalement, Rodolphe s'en fut voir celle qui paraissait la plus intéressante et Laurence fit une lettre pour la fabrique qui renvoya un catalogue avec les prix. Ah ! ce n'était pas donné ! Cependant, Laurence était bien décidée à l'achat, elle avait un livret de Caisse d'Épargne. Il ne suffirait pas, mais ça ferait déjà un bon fonds.

Rodolphe n'était pas d'accord :

« Tu ferais mieux de te garder ton livret en cas de mauvais jours. Vaudrait mieux que tu vendes quelques piniers dans une pièce au loin, ça ne se connaîtrait même pas. Tout le contraire, au *claud* de

Plume-jao, il y a bien des *gradés*[1] qui risquent pourrir tout à fait. Si on les sort, les autres n'en profiteront que mieux.

— C'est vrai, mais la Jeanne ? Pour les terres et les bâtiments on a fait partage, pas pour les bois. Si on coupe des piniers, ma sœur, qu'en dira-t-elle ?

— Tu as qu'à lui faire une lettre, et puis envoie-lui donc aussi le catalogue. Comme ça, si c'est elle qui choisit ton fauteuil, on l'entendra pas dire que c'était pas celui-là qu'il fallait, que l'autre était mieux. Ça l'empêchera de faire des duplicata comme elle en a l'habitude. »

Jeanne répondit qu'avec un catalogue, on n'était sûr de rien, que dans le mois qui venait elle aurait l'occasion d'aller à Saint-Étienne, qu'en nulle autre part on ne trouverait si bien qu'à la Manufacture d'armes et de cycles. En conséquence, elle se chargeait de faire expédier à sa sœur ce qu'elle trouverait de mieux, qu'il ne fallait pas regarder au prix quand il s'agissait de soulager un peu la Laurence dans son malheur. Elle avancerait l'argent et, lorsqu'elle viendrait en vacances, son mari irait avec Rodolphe choisir les piniers pour payer la mécanique et lui donner sa moitié du prix de la vente. Autrement dit, elle n'avait pas confiance en son beau-frère pour marquer les arbres, ça ne fit pas trop plaisir à Rodolphe :

---

1. Très vieux pins sur lesquels poussent des champignons, prélude à la pourriture.

« Qu'est-ce qu'elle croit ta sœur ? Que je suis pas capable de connaître les bois ? C'est-y qu'elle pense que je vais les lui manger ses piniers ?

— Allons, mais tu sais bien comme elle est. Faut pas en faire de cas, elle le dit pas pour mal. Et puis, si le Germain te donne la main pour abattre les arbres, ça te fera moins de travail. »

Rodolphe en convint volontiers, car ce n'était pas un chicanier, et bientôt un papier de la gare les avisa qu'il leur fallait chercher un gros colis pour madame Roussion.

Après quelque temps d'accoutumance, la vie de Laurence fut considérablement améliorée : le fauteuil était mû par une mécanique à bras. Bientôt, l'infirme fut à même de circuler dans la maison. Du moment que le pot était suspendu à la crémaillère au-dessus des braises et les légumes posés sur la table, Laurence n'avait besoin de personne pour faire la soupe. Avec les pincettes, elle attisait ou ralentissait le feu selon le cas, et bientôt, l'achat d'un gaz que Rodolphe installa à sa hauteur permit à Laurence de préparer presque tous les repas. Ninie et son patron pouvaient désormais vaquer tranquillement aux travaux des champs, à condition toutefois que l'un d'eux soit toujours à portée de voix au cas où l'infirme aurait eu besoin d'aide.

Pour aller du seuil de la porte à la cour, il y avait une marche à descendre. Avec des planches, Rodolphe fit un plan incliné solidement fixé, afin qu'il ne puisse ni basculer ni glisser et Laurence put facilement sortir dans la cour, mais les trous et les bosses l'empêchaient de circuler. Alors, son mari alla chercher plusieurs tombereaux de grave que Raymond égalisa avec un râteau. Pour cette pauvre femme, qui n'avait pas bougé de la maison depuis plusieurs années, ce fut une résurrection. Après avoir pris les assiettes dans le bas du cabinet et mis la table, Laurence pouvait s'avancer dans la cour et faire « houp » à son monde pour les appeler à la soupe.

Le tantôt, s'il faisait beau, elle raccommodait ou tricotait à l'ombre d'un arbre, les volailles picorant aux alentours, la chatte se roulant dans la poussière à ses côtés. Elle voyait au loin Rodolphe et Ninie s'activant dans les champs, les récoltes venaient bien, les vaches étaient en bon état et Laurence remerciait le bon Dieu que dans leur malheur, il leur ait envoyé la Ninie. Bien sûr, il y avait plus propre dans la maison, et puis la douceur n'était pas son fort, ni dans les gestes ni dans les paroles, mais pour être vaillante, prendre l'intérêt des patrons et s'y connaître dans le travail, elle n'avait pas sa pareille, plus entreprenante et dégourdie que Rodolphe, c'est sûr, le pôvre. Enfin, c'était un grand soulagement qu'il ne soit plus seul à travailler.

Rodolphe avait été tellement désemparé pendant une année qu'il se laissa facilement gouverner par la servante. Petit à petit, Ninie prenait la direction de la propriété et comme ça marchait, elle ne trouvait pas trop de résistance dans ses innovations. Là où Ninie était auparavant, on travaillait avec des chevaux et elle ne cessait de dire à ses patrons :

« Mais à quoi vous pensez de travailler avec vos morceaux de vaches ? Ça va comme des tortues et, le soir, ça n'a même plus de lait pour les veaux. Il est tout parti en transpiration.

— Mais dis donc, il y a bien Poulot.

— Votre vieux Poulot, il est si tellement hors d'âge qu'il peut bientôt plus se traîner. Tirer le râteau pour les foins et passer la décavaillonneuse dans les vignes, c'est tout à peine ce qu'il peut faire. Il vous gagne seulement pas le foin qu'il mange. Vous faudrait deux petites juments pour travailler à l'aise.

— J'ai point jamais fait marcher deux chevaux ensemble.

— Moi oui et croyez-le, c'est autre chose que vos sales carcans de vaches !

— Faudrait aussi des harnais…

— Vous en avez déjà pour un. Et puis, de toute manière, votre vieux cheval, il est à bout. Faut songer à le renouveler, et vite ! Autrement vous vous trouverez sans rien si le Poulot vous lâche juste dans les grands travaux.

— À ce moment, on avisera.

— Oui, il vous faudra acheter à la va-vite une bête dressée qui vous coûtera des mille et des cents. Encore heureux si vous ne tombez pas sur une rosse mauvaise et vicieuse ! »

Enfin, elle fit tant et si bien que, pour la foire à la Latière du 30 avril 1931, Rodolphe décida d'acheter une pouliche pas encore dressée pour que ça fasse pas trop gros d'argent.

Il partit de bon matin avec Ninie et Raymond, parce que le 30 avril, les écoles de la région sont vides : tous les élèves vont à la foire.

Comme Adèle avait dit qu'elle n'irait à la Latière que le tantôt, on lui avait demandé de venir le matin s'occuper de l'infirme, manger avec elle et s'en aller après. Rodolphe avait promis que tous trois ne rentreraient pas tard, mais Laurence lui avait dit de bien prendre son temps, qu'elle avait à ses côtés tout ce qui pouvait lui faire besoin, donc il devait tâcher moyen d'acheter une bonne bête, sans se presser et surtout de ne pas se préoccuper d'elle.

Rodolphe prit sa blouse, sa casquette des dimanches et son bâton. Raymond se chargea d'un licol en corde, Ninie portait un cabas avec du pain parce que à la foire on trouve bien des affaires pour casser la croûte, mais du pain, non. Tous trois avaient un couteau dans la poche. Au travers des bois, ils prirent un chemin creusé au fil des ans par les pieds des bêtes et des gens qui passaient depuis des siècles pour se rendre à la foire à la Latière. À certains endroits, le routin encaissé était un véritable bourbier, alors les gens montaient sur le talus, dans les bruyères, tirant par la corde, les bêtes pataugeant jusqu'aux genoux dans la bouillasse.

À un moment donné, ils trouvèrent deux vieux dans une carriole tirée par un âne, arrêtés au beau milieu d'une large flaque d'eau ; le bourricot, les quatre pattes écartées, piquées au milieu de la boue, recevait les coups sans bouger. La vieille lardait ses maigres fesses avec la pointe de son parapluie, le vieux lui avait cassé son bâton sur l'échine, tout cela à grand renfort de cris, d'injures et d'encouragements, mais rien n'y faisait. Martin ne remuait pas plus qu'une borne.

Quelques courageux déplacèrent les gros cailloux posés pour traverser l'eau, de manière à pouvoir pousser à la roue en montant dessus. Mais, en équilibre sur les pierres instables, ils ne pouvaient accacher fort, de crainte de glisser et d'embouler leurs galoches, aussi, rien ne bougea. Alors, Rodolphe prit la parole :

« *Vihello*, donnez-moi votre *devantiau*[1], je vous prie.

— Pour quoi n'en faire ? Qu'avez-vous dans l'idée ?

— Je me suis laissé dire qu'en fermant les yeux d'un taureau, il venait doux comme un agneau. Si ça se trouve, pour les bourricots c'est pareil.

— On peut toujours essayer. Té, te voilà mon devantiau, tâche moyen de pas le faire abîmer. »

---

1. Vieille, donnez-moi votre tablier.

L'idée était bonne. Aveuglé, l'âne devint tout à fait docile, on le tira bien vite du bourbier et les vieux donnèrent rendez-vous à Rodolphe pour lui payer un coup à boire dans la plus grande des baraques.

En arrivant sur le champ de foire, il était encore de bonne heure. Les marchands venus dans la nuit ou même la veille au soir étaient à même de panser le bétail. Les animaux avaient eu bien à manger, mais que du sec et rien à boire. Alors vite, avant que le monde arrive, on leur portait de l'eau. Les bêtes assoiffées buvaient abondamment, leurs flancs creux se remplissaient. Les ventres rebondis faisaient paraître les bovins en meilleur état. Ça leur donnait bonne apparence. D'un dernier coup de brosse, marchands et commis marquaient mieux l'écusson, accentuaient les frisettes qui ornaient le front des limousins et les bouclettes sur le cou des taureaux, en promenant la brosse à rebrousse-poil.

Ce n'était pas pour eux que Rodolphe était venu. Il jeta cependant un coup d'œil en remontant l'allée principale, mais ne s'attarda pas à marchander pour le plaisir comme il le faisait souvent. Le foirail aux chevaux était bien garni. Partout des baladins faisaient volter leur marchandise, avec des claquements de langue et de fouet, des interjections rauques dans une langue à eux, des appels aux clients possibles.

Vieilles rosses ensellées, aux côtes saillantes, à la lippe désabusée, parfois accompagnées d'un poulain tremblant collé à leurs flancs ; chevaux de selle aux jarrets nerveux, coupés d'arabes ou de poneys ; files de toutes couleurs, de toutes tailles et de races indéterminées. Les dépassant d'une tête, un vieil ardennais osseux, soulevant avec peine ses énormes boulets poilus, semblait un éléphant égaré d'un autre monde.

Des hommes, aux poils très noirs, à la peau bronzée, le cou entouré d'un foulard de couleur troquaient des chevaux, de tribu à tribu. Leurs ribambelles d'enfants dépenaillés se faufilaient sans crainte parmi les bêtes. Parfois, un petit, tout fier, faisait caracoler un cheval sous la surveillance de son père.

Rodolphe, toujours suivi de ses deux jeunes, examina les chevaux, mais sans aucune idée de faire affaire avec un baladin. Il en avait bien trop de peur et de méfiance ! Ils firent donc le tour sans s'attarder et redescendirent un peu plus bas.

Là, les jeunes chevaux, par lots à peu près de même taille, s'alignaient, attachés à une barre de bois fort longue. Leurs queues, certaines encore saignantes, avaient été coupées au tiers de leur taille. Les crins restants, soigneusement tressés avec un ruban rouge et relevés par un gros nœud, mettaient l'arrière-train en valeur. Bien dégagées, les fesses paraissaient plus rondes.

« Ces petits, s'ils sont jolis ! », s'exclama Raymond.

Rodolphe ne les regarda guère :

« Oui, mais pour nous c'est pas intéressant. Ils ont tout à peine plus de six mois. Faudra du temps avant qu'ils aient la force de travailler. »

Ninie ajouta :

« Vous avez raison, patron, nous faut une bête dans les dix-huit mois, prête à d'être dressée. Mais on en prendrait une toute petite en surplus, dans deux ans on aurait la paire.

— Faut pas-z-y compter, ma fille, dit placidement Rodolphe, et se tournant vers son fils : Tu vois cet homme auprès des chevaux ?

— Celui qui a un grand fouet autour du cou ?

— Oui, c'est monsieur Astari. Il y a bien longtemps qu'il vient aux foires à la Latière avec ses postiers bretons. Me semble même que son père le faisait avant lui. On le connaît, on sait que c'est pas un brigand, alors que les autres, là-haut, on a toujours des doutes. Si on fait affaire, ce sera sûrement avec lui. »

Grand et fort, Astari vêtu d'une large blouse, coiffé d'un vaste chapeau de feutre noir, le cou entouré d'un foulard et la moustache relevée en croc allait et venait derrière ses jeunes chevaux. De temps en temps, il se saisissait de son très grand fouet et, d'un geste vif, l'élevant au-dessus de sa tête, en tirait un claquement sonore. La petite détonation sèche faisait frémir les chevaux. Ils relevaient la tête en dressant les oreilles. Certains encensaient en frappant le sol de leurs pattes avant, tous piétinaient sur place, agitant leur croupe puissante devant le nez des acheteurs éventuels. Puis, le maître remettait le fouet autour de son cou et le calme revenait.

Lorsque quelqu'un semblait s'intéresser particulièrement à un animal, celui-ci était détaché, le marchand ou un de ses commis le faisait marcher à travers la foire, tourner, reculer. Il trottait avec lui, montrant combien le cheval était docile, bien fait, avec de bons aplombs et qu'il ne cherchait ni à mordre ni à botter. Puis on le rattachait à sa place pour recommencer avec un autre au bout d'un petit moment.

Malgré leur peu de compétence, tout de suite, Rodolphe et Ninie en éliminèrent plusieurs. Raymond parlait avec l'inexpérience de ses dix ans :

« Regardez, ce tout noir comme il est beau ! Son poil brille, on croirait de la soie.

— Jamais de tout noir, c'est le cheval du diable, toujours il est méchant, répondait Ninie.

— Alors celui-là ? Avec ses lunes grises partout, c'est joli aussi.

— Oui, maintenant, mais dans peu de temps, il deviendra complètement blanc et les chevaux blancs, c'est tous des mous. »

Une pouliche paraissait bien plaisante.

« Non, dit Rodolphe. Regardez comme elle a les pattes en dehors, ça écrasera toutes les affaires quand on passera la houe dans les petites récoltes. Celle-ci au contraire, c'est trop en dedans qu'elle a les pieds. Ça se cogne l'un à l'autre et il y vient du mal. »

La suivante avait une grande babine qui pendait. Ça lui donnait l'air vraiment trop bête, etc. etc. Enfin, après un long marchandage, Rodolphe fit affaire et la jument qu'ils ramenèrent leur plut à tous les quatre : elle était alezan avec une grande étoile blanche sur le front.

« Regardez, dit Raymond, son nom est tout trouvé, faut l'appeler Étoile. »

Ils furent d'accord et, Ninie avec Raymond, l'apprivoisa si bien qu'elle semblait un petit chien. Ils n'eurent aucune peine à la dresser tant elle était habituée à les écouter. Aussi, lorsque le vieux Poulot tomba à la fin de l'hiver suivant et qu'il fallut le faire abattre, la pouliche était juste bonne à le remplacer.

Alors Ninie en profita pour revenir à la charge :

« Vous savez, patron, une jument c'est pas si fort qu'un cheval, et puis on pourrait bien la faire pouliner un jour ou l'autre, alors, faudrait qu'on en ait une seconde pour lui aider quand elle sera pleine.

— Hé! Pas si vite, petite, pas si vite, on n'a pas comme ça des sous à mettre mal à propos.

— Comment ça mal à propos ? Avoir un bon attelage qui vous fera vos labours et vos fauches comme une fleur, vous trouvez que c'est mettre de l'argent mal à propos ? Vous aimez mieux vous embêter et crever vos vaches ? Vendez-les donc et achetez pour faire la paire avec l'Étoile. Vous verrez que tout ira mieux, vous sortirez pas d'argent, même vous en aurez de reste.

— Tu sais pas ce que tu dis, on se démunit pas de ses vaches de travail. Et les veaux ? Ça en ferait deux de moins, non, faut pas y compter. »

Mais, malgré tout, la graine était semée. Les deux époux en parlèrent ensemble et, comme il y avait justement une vache qui ne voulait plus remplir, début mars, Rodolphe dit à Ninie :

« La Brune, puisqu'elle prend plus le veau, on va l'engraisser, il y a encore assez de choux-raves et de topines. Au prochain 30 avril, on achètera une jeune limousine juste sevrée et s'il y a assez d'argent de reste, on tâchera moyen d'avoir aussi une petite pouliche. »

Ninie nageait dans la joie :

« Vous allez voir ça, patron, si je vais l'engraisser la Brune, je veux la faire profiter comme un levain. »

Elle ne lui ménagea ni les topines, ni les choux-raves, ni le son. Le soir après souper, elle allait encore lui remplir son baquet de racines pour la nuit.

À la foire à la Latière, le 30 avril 1932, Rodolphe prit une petite limousine très maigre. Visiblement, elle avait souffert :

« Ça ne fait rien, dit Ninie, elle est pas mal faite. En la soignant, à la saison où nous sommes, elle va démarrer. Vous verrez dans une couple de mois, elle sera aussi belle que ces autres si grasses. Elles ont été trop mignotées, au changement de régime, elles commenceront par maigrir. Et puis celle-là qui a moins bonne apparence, vous la paierez pas tant. »

La pouliche n'était pas grosse et pourtant, il avait fallu remettre un peu d'argent en plus du prix de la vache grasse. Enfin, les Doucettes ne tarderaient pas à rendre davantage avec une paire de chevaux qui travailleraient moitié plus vite que les vaches.

Rodolphe ne comptait que trente-sept ans, mais il n'avait jamais été très leste. Le pas des juments était trop rapide pour lui, il s'habituait mal à cette nouvelle manière de travailler. Le plus souvent ce fut Ninie qui mania rênes et fouet pendant que le patron continuait à aller son petit train avec les vaches. Avec moins de peine et de temps, le travail se faisait. Quelques défrichages augmentèrent la S.A.U.[1] et par là même les revenus. Il était temps, les impôts, les assurances, les charges de toutes sortes montaient beaucoup plus vite que le prix des denrées agricoles. On faisait davantage de récoltes plus belles et, au bout de l'année, on ne se trouvait pas plus riche ainsi qu'ainsi ! Encore heureux quand on pouvait joindre

---

1. Surface Agricole Utile.

les deux bouts, ce qui n'était pas le cas de tout le monde.

Mais Ninie qui approchait à présent de ses dix-huit ans n'avait pas les deux pieds dans le même sabot. Forte et vaillante, elle possédait de plus un don qui manquait totalement à Laurence et Rodolphe : elle était entreprenante et envieuse de ce que faisaient les autres. Dès qu'elle voyait quelqu'un faire de l'argent avec un petit à-côté, elle se disait :

« Pourquoi pas moi ? »

Sauf refus formel de ses patrons, elle se lançait. Ça n'allait pas toujours tout seul et les déboires ne lui manquèrent pas. Elle abandonna vite les lapins angoras pour reprendre les lapins de choux, tout bêtes mais moins exigeants. De même, des essais de culture de tabac ne furent pas probants et elle admit volontiers que quelques rangs de betteraves donneraient moins de peine et lui aideraient mieux à soigner ses animaux.

Mais, elle intensifia avec succès son élevage de porcs et eut, dans la suite, jusqu'à cinq coches. Ninie apprit d'un voisin à leur ferrer le nez avec un clou pour les empêcher de fouiner dans les petits enclos qu'elle et Rodolphe avaient fabriqués devant les toits à gorets. Ainsi, les bêtes pouvaient prendre l'air et s'en trouvaient bien. Parfois même, Ninie lâchait une laitée dans la cour et tout ce petit monde jouait et se poursuivait comme de jeunes chiens. De son fauteuil, Laurence riait, heureuse de les voir cabrioler joyeusement.

C'était beaucoup de soins et de travail, mais cela seul faisait rentrer quelque argent. Jamais les Roussion n'eussent pu continuer à payer Ninie s'ils n'avaient eu le revenu des coches, d'autant plus que les vaches remplissaient mal et, pour comble, cette année-là, les plus beaux veaux furent bons à vendre au moment des petits pois, juste quand les cours s'effondrent.

Rodolphe et Ninie n'avaient guère de goût à faire les foins, disant :

« Prendre tant de peine pour si peu de revenu. Enfin, il faut tout de même le faire. »

Cette journée-là, trois charrettes avaient été rentrées dans de bonnes conditions, il en restait une et l'orage menaçait.

« Nous ferons quatre-heures plus tard, dit Rodolphe à sa femme, faut vite qu'on aille chercher le dernier foin dans la nauve. Il est pas trop sec, mais c'est du bon, plein de *trifoulet*, je veux pas le faire perdre. La chaleur était accablante dans ce fond garanti du vent. »

Rodolphe avait bien chaud à charger les lourdes fourchées, mais la Ninie était encore plus mal placée, en haut, à les arranger sur la charrette, en plein sous le soleil.

Avec sa fourche, elle reprenait les fourchées que Rodolphe lui envoyait, les égalisait, les transportait pour faire des cornières bien d'aplomb que toute la charrette se remplisse en même temps, nette et rectangulaire, de manière à mettre tout sans risque que ça s'écrase en route.

La sueur lui dégoulinait dans les yeux. Du coin de son tablier, de temps en temps, elle s'essuyait la figure. Les graines de foin agglutinées par la transpiration se collaient à sa peau. Le soleil rougeoyait, étouffant. Il n'y avait plus un souffle d'air et à l'horizon un gros nuage noir et livide avançait très vite.

Les vaches couvertes de mouches, malgré les émouchails, secouaient la tête, faisaient grincer l'aiguille, imprimant à la charrette des mouvements de houle et de roulis qui ne facilitaient pas la tâche de Ninie.

Enfin, Rodolphe lui cria :

« Tu peux fermer, il n'y a plus que dix fourchées. »

Elle se dépêcha de bourrer le milieu de la charrette pour faire un petit dôme, couvrant et liant tout le chef-d'œuvre. Rodolphe lui envoya le câble, elle le plaça d'aplomb et le fit glisser de l'autre côté.

« Tu descends ? demanda l'homme.

— Non, vous pouvez serrer, j'aime autant rester dessus. » Rodolphe introduisit les *tavelles* dans les trous du tour et serra le câble.

« Ça va, pas plus, ou le charroi se couperait en deux, cria Ninie. »

Elle se coucha le long du câble, étirant voluptueusement ses membres fatigués par une journée de dur travail. La charrette cahotait lentement dans le pré, la berçant au pas de vaches. Les nuages cachaient maintenant le soleil, Rodolphe de la voix et de l'aiguillon activait l'attelage de son mieux. Les bêtes tiraient, soufflaient, agitaient têtes et queues au milieu d'un tourbillon de mouches exaspérées par l'approche de l'orage. La montée était rude, le foin lourd et la charrette très grosse.

Le ciel, à présent tout noir, se zébrait d'éclairs et les roulements de tonnerre se rapprochaient de minute en minute. Le premier coup de vent arriva comme ils entraient dans la cour. Heureusement, le portail était ouvert et bien calé.

Rodolphe fit reculer les vaches à grand renfort de : « Arré, arré Fleurie, arré Blonde », accompagnés de coups du plat de l'aiguillon sur le mufle des bêtes.

Celles-ci reculaient par à-coups, risquant à tout moment de braquer la charrette trop d'un côté ou de l'autre. Une rafale d'air brûlant prit le foin à rebrousse-poil, en fit tourbillonner quelques poignées jusque par-dessus les toits. Mais, déjà, tout était à l'abri. Rodolphe, à grand-peine fermait le portail et l'assujettissait solidement. Il cala la charrette, mit les deux bourdes, enleva la cheville qui tenait l'emblai, joignant le joug à l'aiguille, fit avancer les vaches, les délia, les fit entrer à l'étable par la petite porte intérieure et les attacha à leur place. Puis, il dénoua le câble, appuya une petite échelle le long du charroi, prit son outil et monta pour décharger.

La fourche piquée à ses pieds, Ninie, étendue de tout son long n'avait pas bougé, des brins de foin la couvraient à demi. Rodolphe se prit à regarder la fille, comme s'il ne l'avait jamais vue. Il montait d'elle une senteur forte qui le fit tressaillir.

« Tu dors ? dit-il tout bas.

— Non », répondit-elle en ouvrant les yeux.

Elle vit Rodolphe penché sur elle et ses narines se dilatèrent : odeur de sueur, odeurs d'homme et de femme mêlées au parfum violent du foin encore vert. Un enivrement les saisit, le petit œil clignant semblait une invite et, de la main, Ninie repoussa le câble. Alors, Rodolphe planta sa fourche et se coucha à côté d'elle.

II

Le temps des naissances

Au printemps, neuf mois après les foins, Michel était là. Laurence ne fut point surprise. À de subtils détails, elle avait compris ce qu'il en était entre son mari et sa servante. Impuissante, elle avait accepté en silence. Du reste, les rapports restaient rares et discrets, au hasard d'une pièce de maïs et haricots bien fournis, ou d'un champ de hauts topinambours.

Rodolphe n'avait jamais été très ardent et Ninie n'était point une grande amoureuse. Beaucoup de choses dans la vie l'intéressaient davantage que ça.

Ce matin-là, Rodolphe qui se levait avant le jour ne vit pas Ninie le rejoindre à l'étable comme à l'accoutumée. Lorsqu'il rentra pour le casse-croûte, elle descendait l'escalier et leur dit :

« Mon temps était venu. Dans la nuit, je me suis accouchée d'un drôle.

— Tu ne veux pas qu'on appelle la vieille Tourneboule ? demanda Laurence qui était encore couchée.

— Non, tout est en ordre, le petit dort dans mon lit.

— Mais comment tu l'as mailloté ?

— À la dernière foire, je m'étais acheté quelques effets, il a ce qu'il faut pour les premiers jours. »

Le tantôt, Ninie descendit le petit. Elle lui donnait le sein dans la salle lorsque passa le facteur :

« Té Ninie ! Te voilà donc chargée de famille à présent !

— Comme vous voyez.

— Ah ! c'est des affaires qui viennent plus vite que des billets de cent francs ! Que vas-tu en faire de ce drôle ? Sans doute que tu le mettras à l'Assistance ?

— Non, je me le garde.

— Et pourquoi tu ferais pas comme une femme que j'ai connue ?

— Et qu'avait-elle fait ?

— Son drôle, elle avait pas les moyens pour le garder, alors, comme elle avait bien du lait, elle a demandé une petite fille à l'Assistance, comme ça elle touchait de bons mois.

— Et son gouyat ?

— Hé bé, sans doute que l'Assistance payait une autre femme pour l'élever. »

Ninie posa son petit sur ses genoux et leva les deux mains :

« Vous voyez mes mains, facteur ?

— Bien sûr.

— Hé bé, plutôt que mettre mon drôle à l'Assistance, ces deux mains-là l'étrangleront. Mieux vaut le voir mort de suite que de passer par où j'ai passé. »

Dans sa mémoire défilaient les figures à demi effacées de toutes les femmes qui lui avaient tant soit peu servi de mère dans sa très petite enfance, puis, au gré des circonstances, les arrachements successifs. Elle en gardait la sensation de grands trous noirs dont elle émergeait tout juste pour retomber de nouveau dans un autre. Non, ça et le reste, elle ferait tout son possible pour l'épargner à son drôle.

Se tournant vers ses patrons, elle ajouta :

« Je ne vous en ai pas parlé encore, mais mon petit, je le garde. Si vous le voulez pas, je m'en irai ailleurs, si vous me gardez, vous n'aurez qu'à retenir sur mes gages pour son entretien. »

Il y eut un grand silence, le facteur vida son verre, marmonna :

« Adieu », et s'en alla.

Rodolphe gêné, tournait la tête et fermait la bouche.

Enfin, Laurence prit la parole :

« Personne te met dehors, ma pauvre Ninie. Ce drôle, puisqu'il est là, faudra bien qu'il s'élève et ça peut se faire ici autant qu'ailleurs. Rodolphe, ajouta-t-elle en se tournant vers son mari, monte au grenier chercher le landau de Raymond. Avec un bon coup de nettoyage, il pourra encore rendre service. Et toi, Ninie, va au corridor, tu ouvriras la porte du vieux cabinet sous l'escalier, il y a là tout un tas de *gueilles* et de vieux linge. Porte-moi le tout sur la table, je le trierai et c'est bien le diable si je trouve pas quelques morceaux pour ton petit. »

En effet, d'un drap usagé elles firent des *drapeaux*[1] et des brassières dans les queues de chemises en flanelle de Rodolphe.

Michel grandit, nippé un peu de bric et de broc, mais Ninie préférait mille fois le voir ainsi que vêtu des effets neufs et raides fournis par l'hospice.

Elle en avait porté son aise : Elle se revoyait petite drôlesse engoncée dans des habillements démodés qui la marquaient « enfant trouvée », mieux que si elle avait eu un écriteau accroché dans le dos. Au moins, de devant, ça ne se serait pas vu ! Tandis que là, ça se connaissait de loin !

À la vérité, toute petite, elle avait pris le parti de ne pas en faire de cas, de s'en foutre. Pour elle oui, mais pas pour son drôle.

---

1. Couches.

Celui-ci n'était ni délicat ni difficile à élever, comme le dit Laurence à sa sœur lorsque celle-ci vint dans l'été avec son mari. La fureur de Jeanne ne connut pas de bornes quand elle vit le drôle couché dans le landau de Raymond.

« Qu'est-ce que c'est que ce morpion en place de ton fils ? Ta sale négresse, a fallu qu'elle ponde ce vilain crapaud, elle a qu'à le faire élever ailleurs. »

Et c'était vrai que Michel n'était pas beau. Cette voix grondeuse le surprit, il fit une laide grimace, sa bouche s'abaissa, son nez s'allongea et la Jeanne qui le regardait de ses yeux perçants s'écria tout à coup :

« Laurence, il semble à Rodolphe !

— Mais non, qu'est-ce que tu vas chercher là, répondit mollement Laurence.

— Si, si, ne me dis pas le contraire, je vois bien que c'est Rodolphe qui lui a fait ce bâtard. Ils ont osé ! Sous ton toit ! et tu supportes ça ? »

Laurence vit bien que Jeanne n'en démordrait pas, alors, elle essaya de lui faire entendre raison :

« Dans mon état, que veux-tu que je te dise ? Un homme est un homme.

— C'est vrai, mais il a qu'à faire ça au loin. Jamais un renard mange les poules qui restent à côté de son terrier.

— Alors tu aimerais mieux qu'il perde son temps à courir au diable, galoper quelque fillasse de rien qui lui mangerait tous nos sous ? Non, crois-moi, Jeanne, c'est mieux ainsi.

— Mais le drôle, qui l'élèvera ?

— T'inquiète pas de ça. Depuis sa naissance, la Ninie, on lui donne plus de gages, on paye juste ses assurances et son peu d'entretien. Le gouyat c'est pas ce qu'il coûte. À bien compter, on est encore gagnant.

— À présent peut-être, mais plus tard ? Non vraiment je ne te comprends pas.

— Si tu étais à ma place, tu verrais les choses différemment. Qu'est-ce qu'on ferait sans la Ninie ? Vois donc, je ne suis plus qu'un déchet de chair humaine. »

Laurence se mit à pleurer. La Jeanne regarda sa sœur et ferma la bouche.

Michel grandissait, très brun de peau, court, et carré comme sa mère. Il avait aussi ses cheveux noirs et raides, mais son expression était tout autre : ses yeux enfoncés, brillaient, sombres et durs, sans nul clignement amical. Sa bouche en accent circonflexe — la bouche de Rodolphe — lui donnait l'air maussade et fermé. Tout bébé déjà, il était sauvage et silencieux. Lorsque Ninie ne pouvait l'emmener au-dehors avec elle, Laurence le gardait, parce qu'il fallait, mais sans aucun plaisir, tellement le drôle était avare de sourires et de gentillesses.

Dès qu'il le put, il s'échappa de la maison. On le retrouvait jouant tout seul dans quelques coins.

Comme il semblait toujours calme et sage, vers ses deux ans, on ne s'occupait plus de lui que pour l'appeler à la soupe. Du reste, l'aurait-elle voulu, Ninie n'aurait pas pu le mignoter. Ça n'allait pas à la terre, la vie venait de plus en plus dure : ce qu'on vendait ne valait plus rien et ce qu'on achetait montait toujours, il fallait tirer sur tout.

Dans l'hiver 1935-1936, Rodolphe et Ninie entreprirent de faire du bois à moitié : brasses de chêne, piquets de châtaignier et d'acacia, mais les acheteurs n'étaient pas épais, il fallait pouvoir attendre.

Ninie songea que si elle pouvait vendre ses porcs en nourains plutôt qu'en laitons, ça ferait davantage de sous. Aussi, en plus de la pièce de topinambours nouvellement plantée, ils décidèrent de garder celle de l'année d'avant où les moindres petites racines oubliées sortaient à foison.

Les juments auraient été beaucoup trop rapides pour Rodolphe qui tenait la charrue, alors, Ninie marcha devant les vaches et ils buttèrent les topinambours en hauts sillons bien droits enfouissant une grande quantité de tiges superflues.

Seulement les pieds étaient aussi beaucoup trop serrés sur la ligne, il fallut éclaircir à la main. Pendant deux jours, Ninie s'escrima, penchée sur les tiges qu'elle tirait de toutes ses forces, arrachait, et mettait en grosses bottes que Rodolphe ramassait le soir et donnait à manger au bétail. Mais Ninie alla au-delà de ses forces, ce travail était par trop dur pour une femme en prospérité plus très loin de son terme. Ça ne se connaissait guère. Seule, la patronne savait. Adèle avait quelques doutes, sans plus.

Dans la nuit, Laurence qui avait le sommeil léger, crut entendre des plaintes. Elle alluma la lampe Pigeon et éveilla son mari :

« Rodolphe, écoute-moi, Rodolphe.

— Oui, que veux-tu ?

— Me semble que j'entends du bruit là-haut. Va voir je te prie si Raymond est malade ou si c'est la Ninie. »

En soupirant, Rodolphe à demi endormi enfila son pantalon, prit la lampe et monta les escaliers. Laurence aux écoutes entendit des chuchotements, des gémissements étouffés, lui semblait-il. Inquiète, ne pouvant bouger, elle était fort en souci.

Enfin, son homme redescendit.

« Alors ? Qu'est-ce qui se passe ? »

Rodolphe avait pris le seau. Avec la cassotte, il l'emplissait de l'eau chaude contenue dans le grand pot suspendu en permanence à l'une des crémaillères de la cheminée.

« C'est la Ninie qui est dans le mal, mais ne te mets pas en peine, elle dit que ce sera bientôt fait.

— Son temps était-il arrivé ?

— Elle dit que non, que c'est d'arracher les topines qui l'a avancée.

— Faudrait peut-être demander l'Adèle ?

— Elle le veut pas.

— Tout ce bruit, ça va pas éveiller les drôles ?

— Penses-tu ! J'ai poussé la caisse de Michel dans la chambre avec Raymond et ils ont pas plus bougé que deux souches. »

Rodolphe remonta avec son seau d'eau et Laurence resta dans le noir à épier tous les sons.

Elle entendit des allées et venues, des bruits d'eau versée dans la cuvette, puis Rodolphe descendit dans le noir et sortit dehors pendant un temps qui lui sembla durer des heures. Lorsqu'il rentra enfin, il avait à la main la lanterne d'écurie allumée.

« Ça ne va pas ?

— Mais si bien sûr.

— Qu'est-ce qui se passe ? Elle s'est accouchée ou pas ?

— T'occupe, t'occupe, je reviens dans une minute », dit-il en remontant l'escalier.

Au bout d'un moment, il descendit avec la lampe Pigeon et s'apprêta à revenir au lit.

« Alors ? interrogea Laurence.

— Alors quoi ?

— Hé bé, c'est fait ou c'est pas fait ?

— Mais oui, c'est fait. T'inquiète pas.

— Le drôle ?

— Y a pas de drôle ?

— Comment ça y a pas de drôle ?

— Bé si, enfin non… »

Rodolphe en train de retirer son pantalon détournait la tête avec embarras.

« Réponds-moi, qu'est-ce qui se passe ? Où est ce drôle ?

— Écoute Laurence, te tracasse pas pour ça.

— Je veux savoir !

— Bon, hé bé, je vais te le dire : le drôle, il est mort.

— Tu l'as pas, tu l'as pas... cria Laurence en se dressant épouvantée.

— Mais qu'est-ce que tu crois ? Mais quelles idées tu te fais ? Il était mort au naissant, je te dis.

— Qu'en as-tu fait ?

— Que voulais-tu que j'en fasse ? Je l'ai enterré.

— C'est donc ça que tu es sorti si longtemps et que tu avais la lanterne. Personne t'a vu au moins ?

— Y a rien à craindre, j'étais bien à l'abri.

— Où l'as-tu mis ?

— Au pied de la grande laurière, dans le fond du jardin, personne ira jamais le trouver là.

— Et la Ninie, qu'en dit-elle ?

— Que veux-tu qu'elle en dise ? C'est elle qui m'a commandé d'aller l'enterrer là.

— Ça l'a pas trop travaillée ? C'est pas une chienne quand même, faudrait peut-être que quelqu'un plus la soigne.

— Elle dit que ça va comme ça. Voilà déjà trois heures qui sonnent, attendons le jour pour voir que faire. »

La Ninie, consultée au matin, dit que tout était en ordre et qu'elle voulait voir personne. Cependant, elle ne se leva que le tantôt et Laurence la vit se cramponner à la table pour soulever le seau de petit riz qu'elle avait fait cuire pour une laitée de porcelets.

« Laisse ça, lui dit Laurence avec autorité.

— Mais…

— Je te défends bien d'y toucher, Raymond le fera en rentrant de l'école. Monte au lit et je ne veux pas te voir avant le souper. »

Elle était la patronne et pour une fois Ninie lui obéit sans protestations, parce qu'elle se trouvait vraiment fatiguée.

Autant après Michel elle ne s'était sentie de rien, autant pour cet accouchement raté, elle resta longtemps incommodée. Pas vraiment malade, mais mal à son aise, avec par moments un peu de fièvre. Courageuse de nature, elle n'en fit pas de cas et continua à travailler comme à l'ordinaire.

Pendant les vacances, Raymond qui avait à présent quatorze ans passés les aida pour terminer les foins et pour les moissons.

« Il en fait tant moins qu'il peut, se plaignait Rodolphe à Laurence.

— Que veux-tu, c'est l'âge qui veut ça.

— Mais le voilà bientôt aussi grand que moi et il fait plus de poids, c'est sûr !

— Justement, il a grandi et forci tout d'une fois, alors ça le travaille. Tu le crois fort, mais c'est trop tendre encore, ça n'a pas de résistance, prends patience.

— Tu ne m'enlèveras pas de l'idée que l'envoyer aux écoles c'est tout juste bon pour en faire un grand fainéant. Moi, à son âge, il y avait longtemps que j'étais chez les autres à gagner mon pain.

— C'est vrai, mais les temps sont pas les mêmes. Et puis ma sœur paiera tout : le train, la cantine et le reste. Si le drôle s'apprend pas trop mal, laisse-le continuer.

— Il a pas besoin d'en savoir tant pour rester aux Doucettes.

— Justement pour que ça soye tout à lui, faudra bien en passer par où veut la Jeanne. Autrement, elle serait capable de le déshériter.

— Hé ! Je le sais de reste, c'est bien pour ça que je souple, mais ça me fait pas plaisir, crois-moi. »

Raymond partit donc au collège de Ribérac pendant deux ans pour y préparer son brevet : bicyclette et train le matin, train et bicyclette le soir. Le drôle aurait bien préféré aller à la pêche ou tendre des pièges aux oiseaux avec les gouyats de son âge plutôt que pâlir sur ses devoirs, alors il les faisait à la va-vite et partait galopiner dès que son père avait le dos tourné. Le résultat fut qu'il n'eut pas son brevet, à la grande fureur de Jeanne et à la secrète satisfaction de Rodolphe qui, dès l'école finie, le mit au travail à son côté. Toutefois, le dimanche, Raymond était libre de rejoindre ses copains et de s'amuser comme bon lui semblait.

Il faisait si chaud en ce début juillet 1937 au tantôt que Ninie était montée se reposer un moment après le dîner. Trempée de sueur, elle ne put trouver le sommeil. Sur les trois heures, elle s'en fut trouver Laurence :

« Dites, patronne, j'aurais bien été savonner la couleur à l'étang…

— Tu peux pas le faire au trou ?

— Hé non, ça n'a pas plu presque depuis Pâques, les oies et les canards *ragouillent* dedans à longueur de jour, l'eau est toute *trouillée*…

— Sans doute le ruisseau n'est point trop garni lui non plus ?

— Le peu qu'y a de reste, ce serait criminel de savonner dedans, faut bien que les bêtes boivent. Quant au puits, pour tirer l'eau, voilà que je suis presque à bout de chaîne.

— Ça va te faire un long chemin pour descendre jusqu'à l'étang. À l'aller, ça ira, mais au retour le linge mouillé il pèsera.

— Vous en faites pas, patronne, j'ai encore la force de porter une bassine et puis Raymond a dit qu'il viendrait pêcher un moment avec Armand et Roger. Il me donnera un coup de main pour remonter la côte.

— Vas-y, je donnerai l'œil à Michel, mais prends bien garde aux vipères, par ces chaleurs elles vont vers l'eau. »

Ninie rassembla le linge sale dans une bassine de fer-blanc, y ajouta la brosse, le battoir et le savon, mit le tout sous son bras et monta vers la vigne. Elle en longea le bout, prit le routin qui traversait une pinière. L'air échauffé sentait la résine et les cigales stridaient à tue-tête. Après avoir suivi la crête un moment, le chemin descendait en serpentant vers le fond de la nauve où se trouvait l'étang. Les piniers se firent plus rares, remplacés par des taillis de chênes et de châtaigniers. Tout près de l'eau, il s'y mêlait des asselets et aussi quelques bouleaux.

Ninie alla chercher la vieille selle et le lambeau de sac à l'abri sous un gros chêne.

À peine avait-elle commencé à savonner un tablier qu'elle entendit rire et chahuter dans les bois en face d'elle. Les trois garçons débouchèrent d'un routin de l'autre côté de l'étang et la saluèrent de joyeux bonjours.

Outre leurs gaules, l'un d'eux portait autour du cou une chambre à air gonflée.

« Qu'est-ce que vous voulez faire de votre bazar ? leur cria Ninie. C'est-y une nouvelle manière d'attirer le poisson ? »

Ils lui répondirent par mille plaisanteries auxquelles Ninie répondit avec bonne humeur. Elle finit par comprendre que cette chambre à air était destinée à soutenir le petit Roger, parce qu'il ne savait pas nager du tout et qu'il voulait s'apprendre. Armand et Raymond n'étaient guère habiles, cependant, en agitant leurs membres comme de jeunes chiens, ils arrivaient à se maintenir en surface.

Mais pour l'instant, il ne s'agissait pas de faire peur aux poissons en brassant l'eau. Afin de n'être pas gênés par les vigoureux coups de battoir de Ninie, les drôles s'en allèrent sur la chaussée de l'étang. Pour être plus à l'aise, ils échangèrent leurs pantalons propres contre des vieux hors d'usage dont les jambes étaient coupées au ras des cuisses et se mirent à pêcher. Le temps était orageux, les poissons mordaient passablement et les sacs s'emplirent de petits gardons. Raymond eut sa ligne cassée par une grosse anguille qui s'enfuit dans les roseaux. Enfin, le petit Roger vit sa canne lui échapper des mains et partir à toute vitesse à l'autre bout de l'étang. Les gouyats se précipitèrent à sa poursuite et se jetèrent dans l'eau à la queue de l'étang. Il y eut une lutte homérique au milieu des joncs et des roseaux, l'eau et la boue jaillissaient de toutes parts, les garçons pataugeaient, hurlaient, riaient, se bousculaient.

Ninie, debout sur le bord, les encourageait à grands cris. Enfin, poussée dans ses derniers retranchements, la carpe fut prise, malgré ses vigoureux coups de queue faisant voler la vase de tout côté.

Après l'avoir bien admirée et supputé son poids, elle fut mise dans un sac. Les drôles décidèrent alors que c'était assez pêché pour aujourd'hui et qu'il était temps de se baigner, d'autant plus que leurs figures, constellées d'une boue qui commençait à sécher, leur tiraillaient la peau lorsqu'ils riaient en se regardant.

Quand les gouyats eurent terminé leur bain, Raymond cria à Ninie :

« J'accompagne Armand jusque chez lui et je redescends t'aider à porter le linge.

— Bon, mais ne tarde pas trop, dans un petit moment j'aurai fini.

— T'inquiète pas, je serai pas longtemps.

— Vous oubliez votre chambre à air, cria Ninie en les voyant s'éloigner.

— Non, on la laisse chez Raymond, ça fait moins loin. »

Ninie termina son travail, accablée par l'air lourd et moite. L'eau, comme de l'étain fondu, était chaude au toucher. Sur toute la surface de l'étang, les petits poissons sautaient et retombaient dans l'eau avec des frétillements de la queue.

Ninie, fatiguée, poisseuse de sueur, songea qu'elle pourrait bien se baigner elle aussi. Elle avait étendu son linge au fur et à mesure qu'il était lavé et le premier tablier était sec depuis longtemps. Alors, pourquoi ne pas se baigner avec celui qu'elle avait sur elle ?

Derrière un buisson, Ninie ôta ses dessous et vêtue de son seul tablier, elle entra dans l'étang.

C'était la première fois qu'elle se baignait complètement. L'eau, si tiède en surface, se rafraîchissait à mesure que la profondeur augmentait. Lorsqu'elle en eut à la taille, cela commença à la transir et elle songea :

« Je suis bien bête, il y a cette chambre à air qui est là à ne rien faire. Je vais la prendre. Comme ça, je n'aurai pas peur de glisser dans un trou, je resterai en surface là où l'eau est bonne. »

Elle la mit donc sous ses bras et se laissa flotter près du bord, allongeant paresseusement les membres. Il faisait délicieusement bon dans l'eau tiède, le soleil baissait doucement. Il était moins brûlant, mais la chaleur lourde annonçait l'orage. Dans l'air pesant, nul souffle. Les poissons, énervés, sautaient de tout côté en petits éclairs d'argent.

Enhardi par le silence, un pêcheur-martin passait et repassait, flèche bleue à la surface de l'eau, évitant la queue de l'étang où Ninie dérivait doucement. Lorsqu'elle se trouva presque dans les roseaux, elle se mit debout pour repartir en sens inverse. Désagréablement impressionnée par l'épaisseur de la vase dans laquelle elle s'enfonçait et d'où sortaient de grosses bulles nauséabondes, elle s'empressa de se servir de nouveau de la chambre à air afin de ne plus toucher terre. Pour s'éloigner de cette végétation de roseaux et de nénuphars dans laquelle elle avait peur de s'empêtrer, Ninie se mit à remuer bras et jambes avec vigueur et réussit à regagner une place plus dégagée, puis il lui fallait songer à sortir. Raymond allait bientôt revenir, il n'avait déjà que trop tardé.

Mais, Raymond était là, arrivé sans bruit. Il avait été stupéfait de voir Ninie dans l'eau et, soit timidité soit gaminerie, il s'était caché derrière un arbre, prêt à crier « Coucou » pour faire peur à la drôlesse. Ce qu'il vit l'incita à ne pas bouger : en se tournant, Ninie avait fait rentrer de l'air sous son tablier, celui-ci était remonté, formant une grosse poche gonflée de vent. Raymond voyait un ballon noir sur les reins de la gouyatte et deux ballons blancs qui flottaient juste en dessous.

Bien entendu, Ninie ne voyait ni ne sentait qu'elle avait les fesses à l'air et le garçon se garda bien de se manifester avant qu'elle fût sortie de l'eau et vêtue de nouveau. Il apparut alors comme s'il arrivait juste et tous deux remontèrent la bassine à la maison.

Ce soir-là, Raymond se tourna et se retourna dans son lit sans pouvoir dormir. Quelques grondements sourds se faisaient entendre au loin. Par la fenêtre grande ouverte, les éclairs de chaleur brillaient, annonçant qu'il y avait là-bas un orage et que dans la nuit, les Doucettes en auraient aussi leur part.

Raymond soupirait après un peu de fraîcheur, revoyait l'étang et toujours, les deux demi-sphères flottant sur l'eau, tournoyaient devant ses yeux. Il avait beau faire, il ne pouvait pas les éloigner.

Il songeait :

« Est-il possible que la Ninie qui a la figure si noire ait les fesses si blanches ? Il est vrai que ce sont des affaires qui ne sont pas brûlées de soleil. La peau doit être plus douce que celle des bras, même de la figure. Si je pouvais les toucher, je saurais comment elles sont. Et puis, elle le savait pas, faudrait que je lui dise que son tablier était relevé. Comme ça, une autre fois, elle se mettra une épingle. Oui, faut que j'y aille, faut que je lui dise… »

Ninie sommeillait à moitié, étouffant dans cette chambre sans fenêtre. Elle avait poussé dans le corridor la caisse où dormait son drôle, il y avait là un semblant de fraîcheur, parce que ça faisait un peu courant d'air entre la porte du chai et celle du grenier.

Comme dans un rêve, elle entendit le loquet de Raymond et ne fut point trop surprise lorsqu'il chuchota :

« Écoute, Ninie, faut que je te dise quelque chose.

— Demain, bougonna-t-elle.

— Non, toute de suite.

— Fais-moi la paix, laisse-moi dormir.

— Je te laisserai dormir, mais faut que je te dise quelque chose. »

La voix se faisait pressante :

« Pousse-toi un peu que je rentre et je te parlerai. »

Fatiguée, excédée, elle songea :

« Pourquoi refuser au fils ce qu'on a accordé au père ? »

Et Ninie, résignée, se tourna de côté pour faire place au garçon.

*
* *

Lorsque Jeanne et son mari vinrent passer quelques jours fin juillet, les deux sœurs parlèrent sérieusement de l'avenir de Raymond.

« C'est mon filleul, et vu que je n'ai pas d'enfant, ce sera aussi mon héritier, disait Jeanne. Tu vas pas garder là ce grand gouyat de seize ans.

— Et pourquoi non ?

— Allons, allons Laurence, tu le comprends aussi bien que moi. Ton fils n'a pas un bon exemple devant les yeux et puis c'est mon filleul. Germain peut le faire rentrer à une école pour l'armée. Vois ta situation au prix de la mienne. Raymond ferait quinze ans et, à trente-deux ans, il aurait déjà une bonne petite retraite. Comme je n'ai pas d'enfant, c'est lui qui aura ma part des Doucettes et la vôtre aussi, bien entendu. Alors, avec la propriété et la pension, il sera heureux comme un pigeon.

— Je ne dis pas, tu as peut-être raison, mais ça me ferait bien deuil de voir partir mon petit au loin, je n'ai que lui.

— Mais c'est pour son bien, il faut qu'il se fasse une situation, je ne veux pas pour héritier un pauvre sot tout juste bon à traîner à la queue des vaches. Au jour d'aujourd'hui, la terre on ne peut pas y vivre si on n'a pas quelque chose en dehors pour faire argent. Regarde ton mari, tout l'hiver, le voilà obligé de couper du bois chez les autres pour attraper quelques sous. Crois-moi, une bonne retraite, il n'y a que ça de vrai. Et puis, il y a autre chose, et tu le sais bien. Si ta négresse, tout d'une fois, elle voulait lui mettre la main dessus ? »

Laurence ne répondit rien, mais ne dit pas non. Elle eut bien du mal pour décider Rodolphe qui entendait garder son fils avec lui.

« Ce sera bien assez qu'il parte faire son service dans quelques années. En attendant, on pourrait défricher un morceau de plus, s'occuper des clôtures. L'hiver, il tirerait le passe-partout avec moi. On pourrait se faire de bonnes journées, pendant que la Ninie ferait le travail ici, et je laisserais une partie de l'argent au drôle pour l'encourager et lui apprendre à économiser. »

Laurence réussit à le convaincre, car elle voulait que Raymond parte au loin, mais ne pouvait dire à Rodolphe ses véritables raisons.

Les sens aiguisés par son infirmité, elle entendait tout. La nuit le moindre bruit l'éveillait. La porte qui s'ouvrait, le lit qui grinçait, des chuchotements légers, mille petits bruits l'avaient avertie. Elle savait. Alors, elle voulait que Raymond s'en aille, qu'il ne s'enlise point dans le lit d'une servante et elle désirait aussi que Rodolphe ne sache pas. Eux trois, c'était bien. Raymond parti, tout serait de nouveau en ordre.

La vie à la terre venait si dure que Rodolphe se résigna enfin au départ de son fils et Jeanne, triomphante, revint chercher son filleul à la fin de l'été.

Son départ fit un grand vide. Il n'avait jamais été très ardent au travail, mais avec les deux juments, il se tirait bien d'affaire et cela laissait à Rodolphe et Ninie le temps de sarcler les petites récoltes, de s'occuper de la vigne et des porcs. Il y avait à présent quatre coches qu'il fallait mener au verrat, jusqu'au sanatorium de la Meynardie, ça n'était pas une petite affaire. Il avait fallu acheter une cage plus solide que celle des veaux et arranger un semblant de quai, afin de pouvoir la monter sans trop de peine dans la cochonnière. Raymond parti, il ne restait plus qu'eux deux, et les truies, bien soignées, étaient belles, longues et lourdes. Heureusement, elles prenaient assez souvent la première fois, ce qui évitait de trop fréquentes promenades.

Ninie avait fort à faire avec toutes ces naissances. Que de nuits passées à attendre, assise sur une botte de paille, grelottant de froid et de fatigue après une dure journée de travail dans les champs !

Laurence s'inquiétait de voir Ninie, les traits tirés, la figure tavelée de taches jaunes.

« Arrête, Ninie, tu en fais trop, tu te rendras malade.

— Eh ! vous parlez bien vous, le travail se fera pas tout seul !

— Non, mais peut-être qu'on pourrait avoir une coche ou deux de moins, ça soulagerait bien.

— Et alors ? Avec quoi vous croyez que Rodolphe fait ses affaires ? Toujours pas avec les vaches. Vous le voyez bien qu'elles remplissent pas régulier. Qu'est-ce qu'on a vendu comme veaux cette année ? Autant dire rien. Si on n'avait pas les coches, il y a longtemps que vous auriez pu mettre la clé sous la porte. »

Laurence reconnaissait que c'était bien vrai, et aussi que Ninie avait eu raison d'agir à l'inverse des autres, qui, dégoûtés par la mévente des porcelets, avaient bazardé les mères. Il s'en était suivi une pénurie de porcelets, alors les cours avaient remonté. Oh ! ça ne durerait pas ! C'était cyclique, tous les dix-huit mois, les cours remontaient et s'effondraient alternativement, le temps que les éleveurs qui avaient abandonné réélèvent de jeunes truies et inondent à nouveau le marché.

Ninie triomphait :

« Pour une fois que j'ai bien rencontré, je ne vais pas diminuer mon cheptel. Peut-être d'ici un an ou deux, je ne dis pas, mais maintenant sûrement non. »

Tout l'hiver, Rodolphe et elle avaient passé les trois quarts de leur temps à arracher des topines qu'ils balançaient par grands paniers dans les petites cours des truies. Il fallait aussi curer les toits des porcs, l'écurie, l'étable, tout garnir de litière, soigner les vaches, gaver les oies, les canards, s'occuper des poules et des lapins.

Laurence faisait bouillir de grands pots de brisures de riz pour nourrir les petits porcs. Ninie le versait dans de longs baquets de bois disposés dans un endroit où seuls les porcelets accédaient par des chatières. Elle arrosait le riz d'un peu de lait lorsqu'il y en avait et laissait les petits barboter dès leur plus jeune âge, afin de soulager la mère qui s'épuisait vite à nourrir des laitées de six à dix porcelets, une fois même jusqu'à quatorze !

Il ne s'agissait pas d'avoir pour la vente des bêtes étiques, tristes et sales : il fallait des porcelets ronds, roses et gais. Que de temps, de peine et de savoir-faire pour y arriver !

Les courtes journées d'hiver ne suffisaient pas pour tout le travail, il fallait se lever bien avant le jour et aller se reposer longtemps après le soleil couché. Le printemps n'apporta guère de soulagement, sauf qu'il est plus agréable et moins coûteux de travailler à la lumière du jour, que non pas à la lampe-tempête. Mais il y avait toutes les récoltes de printemps à semer et cette vigne qui donnait bien de la peine et guère de revenu.

« Arrachez donc ça, disait Ninie, c'est des vieux français qui sont foutus et des nohas qui sont poison.

— Mais que veux-tu faire sur cette grave où rien ne vient ?

— Replantez en hybrides, ça foisonne bien davantage pour moins de traitements.

— Faut quatre ans pour qu'une vigne produise.

— Et alors ? Plus vite vous le ferez, mieux ça vaudra.

— Mais je n'aurais plus de vin à vendre pendant ces quatre années.

— Pour ce que ça vous rapporte ! Et, à chaque fois que le restaurant vient vous chercher une demie qu'il cache sous la paille dans sa carriole, vous risquez une bonne amende à vendre comme ça sans acquit.

— Bast, bast, tout le monde le fait et puis, si j'ai plus de vin, je pourrai plus faire de piquette.

— Votre saloperie de piquette, juste de l'eau passée sur la râpe. Vous le sentez pas parce que vous en buvez tous les jours, mais aux premières chaleurs, elle tourne, vous pourriez faire la salade avec. »

Rodolphe tenait à sa vigne comme à la prunelle de ses yeux, et il la sulfata seul en mai parce que Ninie refusa de porter la pompe à dos.

« Vous croyez pas que je vais me crever pour vos quatre grains de verjus ? Faites-le si ça vous dit, mais ne comptez pas sur moi. »

Il est vrai que dans l'état où elle était, elle ne pouvait pas faire l'impossible.

Michel avait trois ans, il s'habillait et allait seul au lit dans la chambre de Raymond.

Sombre et silencieux, il disparaissait des journées entières, s'amusant on ne sait à quoi. En tout cas, il n'était pas embarrassant et ne posait apparemment aucun problème à sa mère, ce qui fait qu'elle ne s'en occupait guère.

« La Ninie a de la chance, disait la vieille Tourneboule venue causer avec Laurence, son petit lui donne pas grand peine. Si l'autre est pareil, ça l'empêchera guère de travailler. Son temps doit être proche maintenant ?

— Je le sais pas, elle me l'a point dit et je lui ai rien demandé.

— Oh ! ça viendra bien sans doute. Quand la poire est mûre, elle tombe.

— Vous avez raison, il n'y a qu'à attendre. »

Dans les derniers jours de mai, en sarclant les patates, Ninie perdit les eaux, mais elle voulut terminer son rang et quand elle rentra à la maison, elle avait peine à se traîner. Elle dit à sa patronne :

« Les douleurs m'ont prise, vous direz à Rodolphe que je suis au lit. »

Lorsque son mari rentra, Laurence lui expliqua :

« La Ninie ne pansera pas les bêtes ce soir, elle est dans le mal.

— Je vais le faire, mais n'attends pas pour souper, je finirai pas de bonne heure.

— Dépêche-toi, après tu iras donner un coup d'œil là-haut. »

Avant d'avoir passé partout, il s'écoula plusieurs heures. Lorsque Rodolphe revint, il n'était pas loin de minuit. Il monta à la chambre et Laurence l'entendit parler avec Ninie.

« Alors ? l'interrogea-t-elle lorsqu'il redescendit.

— Alors, elle dit que c'est pas pour tout de suite, que les douleurs ont cessé, qu'il y a qu'à dormir, qu'on verra demain matin.

— Vaudrait peut-être mieux demander à l'Adèle de venir, pas la laisser seule. C'est pas une chienne quand même.

— Je voulais aller chercher la vieille, elle n'en veut point, elle dit que c'est inutile. »

Laurence n'insista pas, mais elle était inquiète et ne put guère dormir. Rodolphe, lui, après avoir avalé quelques bouchées, était tombé au lit comme une masse et ronflait.

À la fine pointe du jour, Laurence l'éveilla :

« Va donc jeter un coup d'œil en haut. »

Encore à moitié endormi, Rodolphe monta lentement l'escalier.

Laurence l'entendit ouvrir la porte, puis il se mit à jurer et redescendit les marches quatre à quatre.

« Elle baigne dans le sang, cria-t-il à sa femme, je vais chercher le docteur. En passant, je préviens chez Tourneboule. »

Laurence trouva le temps bien long jusqu'à l'arrivée de la vieille. Celle-ci monta et redescendit presque aussitôt.

« Savez-vous s'il n'y aurait pas des briques en par là ?

— Oui, il y en a deux ou trois devant les toits à canards, pour boucher les trous en bas des portes. »

L'Adèle sortit et revint aussi vite que ses jambes le lui permettaient. Elle expliqua à Laurence tout en montant l'escalier :

« C'est pour mettre sous le lit, faut lui élever les pieds pour tâcher moyen d'arrêter le sang. »

Elle redescendit au bout d'un moment et dit :

« Me semble que ça coule plus, mais c'est peut-être qu'elle est à bout de sang. On croirait qu'on a saigné un bœuf. Le lit, le plancher, ça s'est répandu de tous côtés.

— Elle s'est pas finie quand même ?

— Je crois pas, mais c'en est pas loin. Je garnis des bouteilles d'eau chaude pour les lui mettre. Elle est aussi froide qu'un marbre.

— Et… et le drôle ? interrogea Laurence.

— Elle l'a mis dans la caisse, plié dans une serviette. J'ai vu que ça remuait, mais j'ai pas eu le temps d'y regarder. C'est la mère qui presse, au diable le drôle ! »

Elle remonta et Laurence l'entendit *ragasser* un moment, puis elle se pencha vers l'escalier et cria :

« C'est une fille, une belle petite, ma foi ! »

Laurence se dressa tout émue :

« Une fille, oh ! portez-la-moi, je vous prie. Je suis bien infirme, mais je peux quand même langer une drôlesse. »

Adèle lui mit dans les bras un petit paquet blanc. Laurence défit le linge et se mit à pleurer : le bébé était tout rond, tout rose, la tête couverte d'un fin duvet doré. Après Raymond, elle aurait tant voulu avoir une fille. Ça n'était jamais venu, et voilà qu'à présent, elle tenait dans ses bras une petite qui ressemblait à son fils.

Lorsque le docteur arriva, il fit la grimace en voyant l'état de Ninie :

« Il faut tout de suite la transporter à l'hôpital, je lui fais une piqûre. Nous allons la descendre avec sa couette et la mettre dans ma voiture. Heureusement qu'elle s'ouvre à l'arrière. »

Tout en passant à l'eau ses mains pleines de sang, il dit :

« Au fait, l'enfant où est-il ?

— Elle est là », dit Laurence de son lit.

Le docteur s'approcha rapidement, jeta un vague coup d'œil au bébé.

« Donnez-vite, je l'emmène, elle a l'air bien. Si la mère meurt, on la mettra à l'Assistance.

— Jamais, cria Laurence, on me l'enlèvera pas ! »

Dressée sur son lit comme une furie, son cou décharné aux tendons saillants jaillissait de la camisole comme celui d'une poule cou-nu. Ses mains qui semblaient des serres agrippaient l'enfant, le pressait contre sa maigre poitrine.

« Bon, bon, dit le docteur, on verra demain. Donnez-lui un peu d'eau sucrée en attendant. La mère d'abord, le temps presse. Il est peut-être déjà trop tard. »

Il s'en fut et Rodolphe qui n'avait rien dit s'approcha de Laurence :

« Tu te rends compte, sans la Ninie comment on va faire pour le travail ? Déjà y a le Michel, alors l'autre c'est pas possible.

— Possible ou pas, je me la garde.

— Mais…

— Écoute-moi bien, Rodolphe, si on me la prend par force, aussi vrai que le bon Dieu me voit, je me périrai.

— Tu sais bien que c'est pas pour te contrarier, Laurence, mais tout seul pour tout faire, je pourrai pas, non, je pourrai pas… »

Et, vraiment, il était découragé.

« Si la Ninie revient pas, il faudra bien trouver quelqu'un plus.

— Chez Tourneboule pourront peut-être nous donner la main quelques jours.

— Ils feront ce qu'ils pourront, c'est sûr, mais ils ne sont point jeunes. Ils ne peuvent même plus n'en venir de leur travail à eux, alors on ne peut pas demander l'impossible.

— Comment donc faire ?

— Dans tous tes neveux ou nièces, on pourrait pas trouver un peu d'aide ? En payant bien sûr.

— Peut-être, mais faudrait d'abord savoir pour la Ninie. Ce tantôt, j'irai aux nouvelles et je ferai faire la commission à chez mon frère. »

Finalement, un neveu de Rodolphe vint les aider pendant deux mois, content de se faire un peu d'argent avant de partir au service. Puis Raymond eut quelques semaines de congé ce qui soulagea bien son père pendant un temps.

Ninie resta trois mois absente. Rodolphe était allé la voir dans les débuts de son séjour à l'hôpital. Laurence lui avait donné la commission :

« Comment elle veut nommer sa petite ? »

Encore très affaiblie, Ninie n'avait pas semblé s'intéresser beaucoup à la question.

« Bé, je sais pas trop…

— Enfin, t'as bien songé quand même à quelque nom ?

— Bé non, n'importe, ce que vous voudrez. Marie-Claire ou autre chose, ça me fait rien. »

Lorsque Rodolphe donna la réponse à Laurence, celle-ci dit :

« Puisque c'est ainsi, ce sera une petite Marie-Laure et je veux être marraine.

— Alors, faudra que je soye le parrain », conclut Rodolphe.

Ninie consultée dit que c'était bien ainsi, mais qu'il ne fallait pas l'attendre pour le baptême, qu'elle ne pensait pas revenir de sitôt, vu qu'elle se sentait encore si faible que c'était tout à peine si elle pouvait remuer le petit doigt.

Laurence dit qu'il fallait parler tout de suite à monsieur le curé, et qu'elle voulait aller à l'église où elle n'avait pas été depuis son accident. Elle tenait à tout prix à assister au baptême. Il lui semblait qu'autrement, elle ne serait pas vraiment marraine.

On mit donc son fauteuil dans la carriole. Henri et Tourneboule qui étaient invités au repas donnèrent la main à Rodolphe pour monter et descendre l'infirme. À Saint-Michel, le dimanche où eut lieu la cérémonie, on fit fête à Laurence et on admira beaucoup la petite qu'elle tenait dans ses bras.

« Qu'elle est mignonne.

— C'est joli comme un cœur !

— Sa peau est aussi blanche que le lait !

— Avec ses joues roses, c'est un vrai bouquet. »

Sous les compliments, Laurence souriait, aussi fière et heureuse que si la petite avait été la sienne.

Enfin, Ninie revint. Vite remise de son hémorragie, mais c'était après qu'une grave infection s'était déclarée.

« Ça ne date pas d'hier, avait dit le docteur. Cette aggravation subite vient de l'état de grande faiblesse dû à la perte de sang. »

Ninie voulait tout de suite se remettre à l'ouvrage, mais Laurence ni Rodolphe ne l'entendaient de cette oreille.

« Prends garde de ne pas aller trop vite. Après ce que tu as eu, ne force pas, crainte de retomber plus bas qu'avant.

— T'as avantage à faire attention à toi pendant un petit moment.

— Crois-moi, vaut mieux te ménager un temps que retourner à l'hôpital. »

Ils avaient bien trouvé leur servante à dire et ne tenaient pas à la perdre de nouveau, d'autant plus que Raymond était reparti définitivement. Accepté dans les enfants de troupe, il débutait ainsi sa carrière militaire. Il ne fallait donc plus compter sur lui pour le travail.

III

Le trésor de Laurence

NINIE ÉTAIT JEUNE ET SOLIDE, ses forces revinrent très vite et la vie aux Doucettes reprit son cours tranquille, avec, pour Laurence, une différence énorme : cette petite Marie-Laure qui était sa joie, sa consolation, sa raison de vivre depuis le départ de Raymond.

Lorsque Ninie était rentrée, Laurence qui tenait la petite, la mit dans les bras de sa mère. À trois mois, on commence à connaître son monde, la drôlesse regarda attentivement cette figure inconnue. Ses traits se contractèrent, elle devint toute rouge et se mit à pleurer.

Ninie la rendit aussitôt à Laurence :

« Prenez-la, c'est de vous qu'elle a habitude. Moi, je lui suis étrange, c'est point la peine de la faire brailler. »

Et Laurence continua comme à l'ordinaire à s'occuper de sa petite. Simplement, Ninie lui donna la main pour la langer parce que la drôlesse venait lourde et remuante. Elle s'habitua vite à sa mère, cependant c'était toujours Laurence qui avait ses préférences. Ninie ne s'en souciait pas, trop occupée qu'elle était à remettre tout en ordre. C'est vite fait de vider les toits à lapins et la volaillère, seulement lorsqu'il s'agit de tout remonter, ça ne fait pas rire.

Les lapines étaient là, mais personne ne les avait mises au mâle. Les poules n'avaient pas non plus amené de belles grouées. Trois quatre poussins chacune, couvés on ne sait où.

Et le jardin ? Les petites récoltes, fallait voir comme c'était tenu. Rodolphe ni son neveu n'avaient pu passer partout.

Tous les matins, ils avaient mis à portée de Laurence trois seaux d'eau pour qu'elle puisse laver un peu de menu et les drapeaux de la petite.

L'Adèle était venue autant que possible, mais la pauvre vieille avait bien du mal à en venir de son propre travail. On ne pouvait lui demander davantage.

La Ninie fit feu des quatre pieds et entreprit de remettre tout en ordre. Ce qui se passait par ailleurs, elle n'avait pas le temps de s'en préoccuper. C'était bien le cadet de ses soucis.

Il n'en allait pas de même pour Rodolphe et Laurence. Les bruits de guerre les inquiétaient fort. Ils avaient vu quatorze, les hécatombes et la misère. De plus, ils songeaient à Raymond : c'est vrai qu'il approchait seulement de ses dix-sept ans, mais si ça durait quatre ans comme l'autre fois. Faudrait-il que parte leur unique enfant ?

C'était avec appréhension qu'ils ouvraient le journal et suivaient les événements.

Après les entrevues de l'homme au parapluie[1], ils respirèrent plus à l'aise, sans être cependant complètement rassurés, mais que faire ? sinon travailler et prier le bon Dieu pour que ça ne tourne pas mal.

L'année pour eux ne fut pas trop mauvaise. L'arrière-saison fut magnifique, les châtaignes et les glands abondèrent, les porcs en profitèrent largement.

Ninie, aidée de Michel, les menait sous les chênes. Les bêtes se remplissaient le ventre. Ninie un peu plus loin garnissait son panier. Michel, armé d'une baguette, chassait les porcs qui, sans cela, auraient mangé les glands déjà ramassés.

À quatre ans, Michel était toujours laid et malgracieux, mais fort et dégourdi. Lorsqu'il le voulait, il pouvait déjà rendre des services. Encore

---

1. Chamberlain.

fallait-il qu'il soit décidé. Têtu comme une mule, quand il avait dit non, c'était non, et sa mère pouvait lui passer une raclée, ça n'y changeait rien.

Ses rares sourires, c'était pour sa petite sœur. Il l'aimait bien et la promenait volontiers dans sa poussette.

Mais qui n'aurait pas aimé Marie-Laure ? Potelée, rose et bouclée, elle gazouillait toute la journée, souriante et tendant les bras à tout le monde.

Rodolphe s'arrêtait près d'elle, lui parlait :

« La petite Mimi, elle est bien mignonne, cette petite Mimi… »

Et Laurence la couvait des yeux.

L'hiver passa, les beaux jours revinrent. Après Pâques, Michel alla à l'école. Le matin, sa mère le juchait sur son porte-bagages et l'emmenait. Le soir, si elle avait le temps, elle allait à son avance. Sinon, il rentrait à pied. Ça faisait dans les trois kilomètres, mais il y avait d'autres galopins pendant les deux tiers de la route.

« Je te mène à présent. Seulement à la rentrée d'octobre, faudra que tu ailles tout seul », disait Ninie.

Michel était content d'aller à l'école, pourtant il revenait vite parce que Marie-Laure commençait à se tenir et il voulait finir de lui apprendre à marcher. Mais Rodolphe aussi, alors dès que Ninie avait le dos tourné, il sortait la petite de son landau.

Cramponnée de toutes ses forces au gros doigt de son parrain, Marie-Laure s'essayait à marcher et

Laurence, de son fauteuil, suivait des yeux son mari, attentif, penché sur le petit trésor, prêt à l'attraper à pleins bras au moindre faux pas.

« Attention Rodolphe, il y a un carreau qui est descellé, elle va *s'entropper* dedans.

— T'en fais donc pas, j'y vois encore assez pour la mener où c'est *plainié*[1]. »

La drôlesse était vigoureuse. Bientôt, elle courut toute seule, et Laurence n'avait rien que peur qu'elle s'échappe et aille se faire faire du mal au dehors.

Lorsque Michel rentrait de l'école, il menait sa sœur à la volaillère et devant les toits à lapins pendant que Ninie soignait les petites bêtes.

Elle était contente d'avoir ses deux drôles à ses côtés, mais il ne fallait pas que ça dure trop longtemps :

« À présent, rentrez mes petits, allez trouver la marraine. Elle fera voir à Michel à lire. Moi je vais aux étables, restez pas dans mes jupons, ça m'embarrasserait. »

Ça faisait deux ans que les Biraut n'étaient pas venus pendant l'été. Jeanne arriva seule pour passer trois jours aux Doucettes. Ni Raymond ni Germain ne l'accompagnaient. Elle trouva quelque explication embrouillée pour justifier leur absence.

En réalité, Jeanne avait une idée de derrière la tête en les envoyant chez le frère de Germain, mais à personne elle n'avait soufflé mot de ses projets.

---

1. D'aplomb.

Les deux sœurs s'écrivaient à peine trois fois l'an et sans beaucoup de détails. Jeanne avait su la longue maladie de Ninie, mais sans plus, les faits et gestes de la négresse ne l'intéressaient pas.

Du moment que la servante avait repris son travail, que Laurence était soignée et les terres entretenues, Jeanne ne cherchait pas plus loin.

En entrant dans la salle, elle fut surprise de voir une drôlesse dans les bras de sa sœur.

« À qui c'est cette belle petite que tu as là ? Elle est bien mignonne. C'est quelque voisine qui te l'a laissée garder.

— Mais non, Jeanne, c'est la drôlesse à la Ninie, notre petite filleule. Va, Marie-Laure, va faire la bise à la dame. »

Jeanne en tomba des nues, tellement stupéfaite qu'elle embrassa machinalement la petite qui lui tendait les bras. Quoi ! Une poupée si rose et si bouclée sortait de cette vilaine négresse, et de Rodolphe aussi peut-être ? C'était jamais Dieu possible qu'ils aient pondu ça, laids comme ils étaient tous deux !

Mais vu ce que Laurence lui avait dit lorsque Michel était né, Jeanne ne fit point trop de comédie, se contentant de maugréer.

« Hé bé, elle aurait bien tort de se gêner. Si elle en a une demi-douzaine, vous les garderez. Ah ! c'est bien commode, on les fait et c'est les autres qui les élèvent.

— Alors là, tu peux être tranquille, elle en aura pas d'autres.

— C'est toi qui le dis !

— Non, c'est le médecin. Paraît qu'elle était "infestée" depuis plusieurs années. C'est miracle que la petite soit comme elle est. À présent, les trompes sont bloquées. J'ai pas bien compris, mais les docteurs ont dit qu'elle aurait plus de drôle.

— Qu'est-ce qu'ils en savent ? Enfin, vous faites comme vous voulez, mais venez pas vous plaindre après que vous pouvez pas y arriver et comptez pas sur moi pour vous aider. Tu es bien trop bonne, ma pauvre Laurence. Ils te mangeront la laine sur le dos.

— Mais non, Jeanne, c'est pas ce qu'elle coûte cette mignonne et c'est mon petit soleil. N'est-ce pas, mon joli trésor ? dit-elle en serrant Marie-Laure sur son cœur. Allons, Jeanne, tu peux quand même pas dire que c'est pas joli comme les Amours ?

— Oui, c'est vrai, elle est mignonne, accorda Jeanne du bout des lèvres, et je veux bien croire que ça te distrait dans ton malheur, mais prends garde de pas trop t'y attacher. Tu verras, quand elle sera en âge, sa mère la placera et tu n'auras plus que tes yeux pour pleurer. »

Jeanne partie, ses paroles avaient quelque temps tourmenté Laurence, mais le 2 septembre 1939 d'autres soucis autrement graves prirent le dessus.

Mobilisation générale, déclaration de guerre. Rodolphe était trop vieux pour partir, Raymond trop jeune et Germain, gendarme, mobilisé sur place. Puis, tout de suite, on apprit des choses stupéfiantes : la ville de Strasbourg qui avait deux cent mille habitants devait être évacuée à Périgueux qui en comptait vingt mille ! C'était tout bonnement impossible. Alors, on entreprit d'étaler les Strasbourgeois dans toute la Dordogne. Chaque canton reçut son contingent à répartir dans les communes et les maires s'efforcèrent tant bien que mal de caser les gens là où il y avait de la place.

Pour chez Roussion, avec Ninie et ses deux drôles, pas question de mettre quelqu'un plus ; mais les pièces inoccupées de Jeanne furent réquisitionnées. On y mit un vieux ménage, ces pauvres gens ne comprenaient rien à ce qui leur arrivait. Pourquoi les avoir arrachés de chez eux, séparés de leur famille ? Ils étaient d'autant plus perdus qu'ils ne parlaient que l'alsacien et ne pouvaient se faire comprendre.

Pour comble, la vieille avait attrapé du mal pendant le voyage. Chez Roussion, la voyant bien malade, prirent sur eux de faire venir le médecin. Celui-ci diagnostiqua une pneumonie et dit :

« Il faut l'envoyer d'urgence à l'hôpital de Périgueux, je vais faire le nécessaire à la mairie. »

Quelques heures plus tard, on vint la chercher. Son mari voulut la suivre, on l'en empêcha. Alors, le pauvre vieux erra comme une âme en peine, pleurant et gémissant sans arrêt :

« Périgueux, Périgueux, Périgueux… »

Incapable de s'expliquer davantage, il répétait inlassablement le seul mot qu'il avait entendu prononcer par les gens qui avaient emmené sa femme.

Saisi de pitié, à midi, le lendemain, Rodolphe alla le chercher :

« Venez manger la soupe avec nous autres. »

Comme l'homme ne comprenait pas, il le prit par le bras et le fit asseoir à table. Le vieux répétait toujours « Périgueux, Périgueux », en pleurant et put à peine avaler quelques cuillerées de bouillon.

« Il va périr si on le laisse ainsi, dit Laurence.

— C'est sûr, approuva Ninie, mais que faire ? »

Rodolphe réfléchit un moment, puis prit la parole :

« Je me suis laissé dire qu'il y avait à Saint-Martin un homme qui connaissait tout à la fois leur patois et le français. Faudrait tâcher moyen de le trouver.

— Bon, dit Ninie, ce tantôt j'irai à la mairie demander si on sait où il reste. »

L'interprète vint le lendemain, se démena et put obtenir des nouvelles de la vieille.

Enfin, après beaucoup de démarches et de pourparlers, l'Alsacien toujours pleurant s'en fut rejoindre sa femme.

Entre-temps, aux Doucettes, on avait fini par entrevoir que les Alsaciens n'étaient pas des Allemands et les quatre femmes qui vinrent occuper les pièces de Jeanne furent reçues avec sympathie.

Ça n'alla pas tout seul. Ni du même âge, ni du même milieu, la promiscuité leur était pénible. De plus, elles étaient horrifiées par le manque de confort et la rusticité du matériel mis à leur disposition.

« Regardez où on nous loge, c'est une soue à cochons que ces gens veulent nous faire habiter. Et comment cuire ? Où est la cuisinière ? On ne nous a pas même mis un poêle pour nous chauffer. »

Et elles criaient sur ce vilain pays et les mauvaises gens qui les recevaient si mal.

« Mais enfin, disait Laurence excédée, la Jeanne a pourtant bien tout pour se servir. Qu'est-ce qu'elles demandent de plus ?

— Que veux-tu, disait Rodolphe philosophe, ces femmes-là elles ont jamais entendu peuter le loup sur la pierre de bois. »

Deux d'entre elles, particulièrement virulentes, se démenèrent si bien, assaillant la mairie de leurs plaintes, harcelant sans arrêt l'interprète, qu'on finit par s'en débarrasser en les casant en ville. Elles disparurent donc assez vite, au grand soulagement de tout le monde.

Les deux qui restèrent aux Doucettes se rendirent bientôt compte que la population ne les brimait pas par plaisir, que faire la cuisine à l'âtre était le lot de tous et que si certaines maisons possédaient des cuisinières, on ne s'en servait que rarement. Quant au poêle, c'était une chose pratiquement inconnue en campagne. Pour le *kunche*, personne n'en avait même entendu le nom.

Elles devinrent finalement les amies de tous, mais leur tristesse était grande, car les deux fils de Greta étaient mobilisés ainsi que le jeune époux d'Emma, un mois après leur mariage.

Si Michel, toujours sauvage, prenait le large et restait méfiant, Marie-Laure sortait des bras de l'une pour passer dans les bras de l'autre.

Emma qui cousait bien se distrayait en lui faisant de petits vêtements avec la machine à coudre de Laurence, Ninie n'ayant ni le temps ni le goût de s'en servir souvent.

Greta habitait dans les faubourgs de Strasbourg et y avait un jardin. Elle entreprit d'entretenir celui des Doucettes, ce qui soulageait bien Ninie.

Leur manière de manger ne ressemblait point du tout à celle des Périgourdins.

Le premier travail du Doubleaud, c'est de boire son café au saut du lit, parfois même avant de finir de s'habiller, puis, les bêtes soignées, une ou deux heures plus tard, on allait manger.

Rodolphe cassait la croûte au vin blanc avec soit un restant de soupe ou d'ordinaire de la veille, soit des rillettes, parfois une tranche de jambon, de la confiture, un bout de fromage ou tout simplement une *frotte*[1]. Les femmes mangeaient de même, sauf qu'elles buvaient rarement du vin blanc. Tous terminaient par un verre de café. C'était un mélange de chicorée bouillie avec le marc de la veille, versé sur la première grille de la cafetière. La seconde contenait un peu de café frais moulu. Cela donnait un liquide assez clair, point mauvais pour la santé. Bu chaud, il terminait bien ce repas presque toujours froid.

Les Alsaciens étaient horrifiés par cette manière de faire. Eux, ils voulaient du lait dans leur café et du beurre sur leur pain, ne comprenant pas que des denrées si ordinaires ne se trouvent point dans chaque ferme.

« Pourquoi refusez-vous de nous vendre du lait ?

— On n'en a pas.

— Comment vous en avez pas ? Et vos vaches alors ? Elles ont bien du lait.

— Bé oui, mais c'est pour les veaux.

— Quand même, vous pourriez en traire pour vous.

— Si les veaux en ont de reste, on tire le lait. C'est pour les petits gorets quand il y en a ou alors on fait un peu de laitages, des œufs au lait ou des œufs à la neige.

— Jamais de beurre ?

— Ça non, c'est les Avendéens qui cuisinent au beurre. Nous, pour se servir, on a la graisse d'oie ou

1. Pain frotté d'ail.

de porc. Si par cas elles viennent à manquer, on achète un peu d'huile. »

Lorsque Greta et Emma voyaient Ninie, armée d'une bûche, écraser les pommes de terre bouillies pour ses petits gorets, elles s'approchaient, la mine gourmande, humant la fumée qui montaient du baquet :

« Madame Ninie, vous voulez bien qu'on en prenne quelques-unes ? En payant bien sûr.

— Prenez, prenez, mes pauvres femmes, vous voulez quand même pas que je vous fasse payer de la breunée à gorets ! »

Les Alsaciennes s'emparaient de quelques tubercules, les pelaient avec leurs doigts et les mangeaient tout chauds, en se disant l'une l'autre :

« C'est bon les pommes de terre ! »

Ninie n'entendait pas leur langage, mais comprenait le sens de la phrase et riait de les voir se régaler à si peu de frais.

Ceux qui ne riaient pas, c'était les vieux Tourneboule. À cent mètres de leur maison, il y avait une de ces petites cabanes où les gens du bon pays garaient leur attelage et faisaient chauffer leur soupe lorsqu'ils venaient passer la journée dans la Double, afin d'en rapporter le bois et la litière qui manquaient chez eux.

Cette cabane-là avait une cheminée, un fenestrou et une porte qui fermait. En dépit de son sol en terre battue et des planches disjointes qui servaient de plafond, elle plut à un couple de chiffonniers qui ne se sentaient point à l'aise dans les baraquements hâtivement montés à Saint-Martin. De plus, la présence de ces marginaux était mal supportée par la population propre et plus évoluée, entassée dans des locaux exigus.

Ils étaient crasseux, criards et surtout pouilleux. Leurs compatriotes autant que le maire furent trop contents de se débarrasser d'eux.

Trois de leurs filles, âgées de quinze à vingt ans, vinrent les rejoindre. Elles traînaient par les routes, sales et dépeignées :

« Voilà les Yayas », disaient les gens en les voyant passer.

Pour presque tous les Périgourdins, les Alsaciens n'étaient pas des Français. Alors, puisqu'il fallait bien croire que ce n'était pas non plus des Allemands, c'était tout simplement des Yayas. Les noms de famille, pour la plupart trop compliqués à retenir, étaient remplacés par « les Yayas de chez Dupont » ou « les Yayas de chez Durand ».

Le père Yaya de chez Tourneboule venait presque tous les jours aux Doucettes, mais lui ne voulait pas de lait, non ! C'était du vin qu'il lui fallait et surtout du schnaps.

« Ne lui en cède pas tant, disait Laurence à Rodolphe, ils vont se faire du mal à force. »

À quoi Rodolphe répondait avec bon sens :

« S'il en trouve pas ici, il ira plus loin et ses sous sont aussi bien chez nous qu'ailleurs. »

Un jour qu'on lui offrait un coup à boire, il leva son verre et se mit à danser en chantant. Les deux Alsaciennes se taisaient en le regardant avec dégoût et mépris.

« Que dit-il ? demanda Laurence à Emma.

— Il dit qu'il est un vrai Français, un vieux Gaulois et qu'il boit pour crier bien fort : "Vive la France !" »

Lorsque le vieux fut parti, Frida se mit à parler avec colère et volubilité en le désignant. Emma lui répondait en approuvant.

Elle expliqua alors :

« C'est vraiment la lie de Strasbourg que vous voyez là. Chez nous, jamais on n'aurait seulement adressé la parole à cette sorte de gens. Ils vivent à part, en dehors de la ville, au milieu des ordures et des guenilles. C'est une honte pour nous d'avoir ces personnes ici. On a peur que vous pensiez que tous les Alsaciens sont comme ça, alors on est colère et on a de la peine.

— Faut pas croire que chez nous on n'a pas aussi du monde de même ! Dans tous les pays, il se trouve de pauvres tristes de ce genre, répliqua Laurence.

— Oui, peut-être, mais on les voit moins.

— C'est sûr ! La cause, c'est ce brassage de guerre qui les fait venir en surface. »

Les Tourneboule qui se couchaient comme les poules étaient parfois réveillés par des cris, des chants, des bagarres. Au matin, tout était endormi et lorsque enfin les Yayas sortaient, on voyait quelque égratignure toute fraîche, de nouvelles déchirures aux guenilles et les filles étaient plus hirsutes que jamais.

Parfois, à l'aube, les vieux Tourneboule voyaient une ombre furtive sortir et s'éloigner du côté de Saint-Martin.

« Quelque amoureux qui s'en retourne.

— Faut croire. »

Mais bientôt, il ne fit plus bon circuler de nuit. L'hiver 39-40 fut terrible.

Ninie avait couvert les betteraves, rangées sous les crèches des vaches, une partie gela, quand même. Dans le chai, où en principe la température ne tombait jamais à zéro, le tas de pommes de terre, capelé de vieux sacs et couvert de paille, souffrit malgré tout. Les patates des bords furent mortifiées, tout à peine bonnes pour les porcs. Il fallait les faire manger vite, car elles pourrissaient rapidement. Du reste, pas question d'arracher des topinambours.

Les tantôts, lorsqu'il faisait soleil, Rodolphe et Ninie allaient avec une brouette chercher des raves et des choux-raves. Ils avaient bien du mal à tirer de leur carcan de glace les racines les plus en surface. Puis, il fallait ramener la brouette lourdement chargée. Soit elle tressautait dans les trous et les bosses, transformés en rocs par le gel, soit elle s'enlisait dans une boue gluante si le soleil avait donné depuis le matin.

En février, raves et rutabagas gelèrent complètement. Il fallut s'attaquer au restant des betteraves et acheter du son pour les ménager et compléter les rations.

« Va doucement, l'hiver n'est point fini », disait Rodolphe.

Et Ninie répondait :

« Je le sais de reste, mais on ne peut pas laisser les animaux périr de faim.

— Non, bien sûr, mais vaut mieux les priver un peu à présent et tâcher moyen de les maintenir jusqu'à la bonne saison.

— Vous avez peut-être raison, mais ça me fait mal quand je vois des bêtes qui mangent pas leur saoul. »

Du coup, elle se réjouit presque lorsque deux coches mirent bas et que la plupart des petits périrent de froid. Il en resta trois à l'une et deux à l'autre.

« Ils profiteront plus vite, et puis ça ménagera la besogne, on n'est pas rendu encore au printemps. »

Fin février, il tomba de la neige en abondance et le froid reprit, terrible pour le pays. Moins vingt degrés, il y avait bien longtemps qu'on n'avait pas vu ça !

Rodolphe et Ninie étaient obligés de mettre des moufles pour tirer l'eau nécessaire au bétail, sinon la chaîne du puits leur collait aux mains et la peau suivait quand on s'en arrachait.

L'eau était à vingt-trois mètres de profond, tous les jours il fallait tirer plus de soixante seaux d'eau et les verser dans les *tins*[1] de pierre devant les bêtes. On ne pouvait pas faire d'avance parce que la glace se formait très vite ; les bouses aussi gelaient derrière les vaches, gros galets ronds, crochetés avec la litière. Il fallait parfois se mettre à deux pour les arracher et la brouette, vidée sur le tas de fumier, faisait un bruit de rocaille tout à fait inhabituel.

Dieu merci le bois ne manquait pas sous le hangar !

Emma et Frida venaient volontiers trouver Laurence et Marie-Laure devant la grande cheminée, convenant parfois que si le kunche chauffe mieux, la flamme est bien agréable à regarder.

Elles ne s'offusquaient plus de voir les enfants vautrés devant le foyer avec les chiens et chats. Michel, la tête sur le ventre de la grosse Miss, Marie-Laure tiraillant les longues oreilles de Fanfare, la petite chienne de chasse qui se contentait de secouer doucement la tête. La vieille chatte Pomponnette dormait sur les genoux de Laurence, son petit entre les pattes.

Mais, tout a une fin, le froid s'atténua, les beaux jours arrivèrent avec leur cortège de travaux

---

1. *Abreuvoirs.*

pressants et chacun tenta de réparer les dégâts causés par l'hiver, relabourant les terres où les semis d'automne étaient gelés afin de les remplacer par des récoltes de printemps. Avril, mai, dernière limite pour semer et planter *baillarge*[1], avoine, topines, pommes de terre, haricots et maïs.

Au moment où on levait le nez de dessus terre pour penser à couper le foin, la catastrophe arriva. Cette guerre qui ne bougeait pas, voilà qu'en quelques jours tout éclate et déferle à la fois. Ceux qui fuyaient devant l'invasion se retrouvent soudain derrière, dépassés dans tous les sens du terme. C'est une pagaille incroyable de voitures sans essence, de soldats sans régiment, de familles pleurant une partie des leurs, égarés ou morts, mitraillés par les avions en rase-motte sur les routes encombrées.

Dépassant tout le monde, les side-cars allemands qui eux ont de l'essence filent plus loin, toujours plus loin, bientôt suivis par des camions pleins de jeunes gens, torse nu, vigoureux et musclés qui chantent avec discipline au milieu de ce pêle-mêle.

Eux sont moins pressés que les side-cars. Ils s'arrêtent et on voit des choses étonnantes : un arc de triomphe en fleurs et verdure a été dressé pour les recevoir par une partie des Alsaciens. Le vieux Gaulois devient un vrai disciple d'Odin. Ses filles reçoivent maintenant de jour comme de nuit, ce sont

1. Orge de printemps.

des orgies, des cris et des chants, le schnaps coule à flots. Les Tourneboule font un grand détour pour ne pas s'approcher de la cabane.

Cependant, pour la plus grande partie, les Alsaciens sont désolés et inquiets, très inquiets : que va-t-il se passer pour eux ?

Oui, les autorités allemandes font patte de velours : il faut rentrer en Alsace, retrouver son chez-soi — enfin ce qu'il en reste — et tout le monde sera heureux de nouveau.

Les très jeunes y croient, les autres pas beaucoup. Frida et Emma pleurent et se désolent.

« Où est mon mari ? Où sont mes fils ? »

Ni l'une ni l'autre ne se font d'illusions :

« S'ils ne sont pas morts, ils sont prisonniers et alors, on va les changer d'uniformes et les envoyer de nouveau se battre, mais cette fois-ci contre les Anglais et les Français qui sont en Angleterre. »

Une mince chance cependant : les Allemands ont laissé libre une partie de la France. Peut-être sont-ils à l'abri de l'autre côté de la ligne de démarcation, mais comment le savoir ?

Il faut attendre, attendre, attendre.

Juin avait été radieux. Tant bien que mal on avait fait les foins, interrompu par des camions à bout d'essence, débordant de gens à bout de souffle. Les mairies distribuaient des bons, de l'argent. On se débrouilla comme on put. Il y eut dans l'ensemble, une grande solidarité et aussi quelques égoïsmes forcenés : ainsi cette femme de directeur qui monta avec sa fille de douze ans dans la cabine d'un camion. Elles n'en bougèrent pas, de la Normandie jusqu'en Dordogne, laissant aux intempéries dix-sept personnes, dont la femme du conducteur et son bébé.

Aussi désagréables à l'arrivée que pendant le trajet, elles exigeaient et commandaient. Inutile de dire qu'elles ne se firent pas d'amis.

Parmi tous ces réfugiés, certains étaient cultivateurs et ne manquèrent pas de donner un coup de main à Rodolphe. Hélas ! ce ne fut pas long. En juillet, la pluie arriva et pendant un mois elle tomba. En Dordogne, la plupart des céréales furent perdues. On arrivait à moissonner lorsqu'il y avait un ou deux jours de beau, mais après ? Les gerbes ne purent jamais sécher complètement, les grains germaient sur les tiges.

Rodolphe avait du plant de choux-raves en quantité et, dans sa cour, une famille de Normands arrivée avec un camion couvert où ils avaient entassé toutes sortes de choses utiles, dont les matelas et des provisions. Ils vivaient dans leur camion et n'étaient que trop heureux d'aider Rodolphe parce que, quand on est travailleur de terre, on le reste, même si ce n'est pas votre terre.

Habitués à la pluie, ils se couvrirent de vieux sacs et repiquèrent une grande pièce de choux-raves avant d'obtenir des bons d'essence et de repartir chez eux. Mais la pluie continua à tomber et les choux-raves furent noyés, ainsi que d'autres récoltes. Ce fut le commencement de cette période de pénurie et de restrictions qui devait durer plusieurs années.

Comme les autres, les Roussion subirent, s'ingénièrent, survécurent et travaillèrent du mieux possible, en dépit de toutes les entraves.

Lorsqu'il n'y eut plus de quoi nourrir les truies, celles qui n'avaient pas été réquisitionnées, on les mangea, sauf une qu'on garda pour « semence ».

Tous pensaient :

« Ça ne durera pas toujours, et quand la guerre finira, bien heureux seront ceux qui auront conservé quelque peu de cheptel et de semences. »

En attendant ce jour, on essayait de s'arranger avec les cartes d'alimentation. Les jeunes enfants avaient un peu plus de sucre que les autres, mais Laurence trouvait que ce n'était pas assez pour la petite chérie. En cachette, elle puisait dans sa ration, car chacun avait sa boîte, et elle donnait du sucre à Marie-Laure qui avait alors trois ans.

Ninie s'en aperçut :

« Marie-Laure a sa pleine main de sucre, d'où ça sort ? Dis donc, petite, où as-tu pris ça ? »

Tout de suite, Laurence intervenait :

« Ne la dispute pas Ninie, c'est moi qui lui en ai donné trois ou quatre boussis.

— Vous n'avez pas raison, elle a sa part et vous la vôtre.

— Mais ça me fait plaisir de lui en faire passer un peu de plus.

— Eh bé moi, ça me fait pas plaisir. Vous êtes déjà maigre comme un *picatau*[1] allez donc tomber malade. Vous croyez qu'on n'a pas assez de travail, de soucis sans ça ?

— Tu penses, c'est pas pour quelques méchants morceaux de sucre…

— Ça et autre chose. Si vous croyez que je ne vous vois pas vous sortir les affaires de la bouche pour elle ! Et vous avez songé à ce qui arriverait si vous n'étiez plus là ? Pensez-vous que c'est moi qui aurais le temps de la *coucouner* comme vous le faites ? Croyez-moi, mangez vos affaires et tâchez moyen de rester en santé, ça vaudra mieux pour tout le monde. »

À l'idée que son petit pigeon n'aurait personne pour la cajoler, Laurence prit peur et ne se priva presque plus.

Du reste, Ninie veillait et la patronne ne voulait pas se faire rappeler à l'ordre par sa servante.

Dire que ces années furent faciles, ce serait loin d'être la vérité. Cependant les vieux Tourneboule, qui manquaient de tout mais ne se plaignaient pas, constataient :

« C'est vrai qu'il y a bien des choses qu'on trouve à dire, mais il y a plus malheureux que nous.

1. Pic-vert.

Ça se murmure que les pauvres prisonniers ont si froid là-bas, dans ces pays de sauvages. Ici, au moins, on a du bois. »

Encore ne devait-on pas casser la hache en le coupant. Pour en avoir une autre, il fallait d'abord toucher des bons de ferraille et ensuite trouver une hache à acheter, et ça, c'était vraiment difficile !

Rodolphe se remit à faire des fourches en bois, comme autrefois son père. On rechercha des choses mises au rebut : cardes, *calels*[1], rouets, même fuseaux, et des vieilleries jugées démodées à tout jamais se révélaient utiles, voire indispensables.

L'électrification avait commencé un peu avant la guerre, mais n'était pas encore arrivée jusqu'aux Doucettes. On s'éclairait donc au pétrole, la suspension dans la salle, les lampes Pigeon dans les chambres, la lampe-tempête pour les bêtes.

Chacun eut droit à des bons de pétrole, mais vint un moment où même avec les tickets, il n'y avait pas moyen de toucher sa ration. Alors, le peu qu'on pouvait attraper, il fallait le garder pour faire le travail aux étables. Il y eut toujours près de la cheminée un panier rempli d'allumes. Une poignée jetée dans le foyer faisait une jolie flamme claire pendant quelques minutes, puis tout retombait dans le noir. Alors, on en jetait de nouveau quelques-unes sur le feu.

---

1. Petite lampe à l'huile.

Parfois, il y avait moyen d'avoir un peu de carbure. On en utilisait pour la maison, mais on le réservait surtout pour les lanternes de bicyclettes.

Il fallait être de bonne heure à la mairie si on voulait toucher les tickets et faire la queue par la suite pour obtenir quelque chose.

En arrivant en fin de matinée, il n'y avait plus rien ! Avec cette diable d'heure allemande, le soleil était loin d'être levé qu'on courait déjà les routes. Les enfants partaient à l'école en pleine nuit, mais pendant un moment, ils n'y allèrent plus que la moitié du temps, et Michel était furieux de garder les bêtes au lieu d'étudier.

Finalement, le maître, voyant son ardeur et son soin des livres, lui en prêta quelques-uns. Avec Miss pour lui aider, il put concilier ses tâches : un œil sur les vaches, un œil sur le livre. Tout petit qu'il était, son idée c'était de s'apprendre pour devenir « un quelqu'un », bien savant et bien riche, pour vite, vite s'en aller loin des Doucettes qu'il détestait.

Ce qui l'entourait lui hérissait le poil. Seule, sa petite sœur trouvait grâce à ses yeux. Il songeait qu'il pourrait l'emmener avec lui quand il serait « Monsieur » et ferait la classe, très loin dans une grande ville, bien plus belle que cette Double où il n'y avait que des étangs et des piniers !

À l'école, ses camarades s'étaient bien vite chargés de le renseigner sur son état de bâtard. D'autres étaient dans son cas, ne s'en souciaient guère. Leurs petits camarades non plus, mais Michel n'était pas aimé : qu'il soit petit et laid, aucune importance ; mal habillé, on s'en fichait ; toujours premier de sa classe, bast, il faut bien que quelqu'un soit premier, non. Ce qui faisait que Michel n'était pas aimé, c'était le mépris profond qu'il avait pour ceux qui travaillaient moins bien que lui, sa sauvagerie qui l'empêchait de jouer avec les autres et sa brutalité qui lui faisait rendre trois coups quand il en recevait un.

Alors, les enfants, avec une intuition sûre appuyaient sur le point sensible :

« Tralalère, il a pas de père, tralala, l'a pas de papa », et autres gentillesses de ce genre.

Ça ne faisait pas plaisir à Michel qui serrait les poings, en voulait au monde entier, même à sa mère de l'avoir fait naître ainsi :

« Je leur ferai voir, disait-il tout bas, oui, je ferai voir que je suis le plus fort. Personne pourra me passer devant. »

Et le fait est qu'il fut toujours le premier de sa classe, ce qui n'était pas sans causer parfois des disputes aux Doucettes :

« Michel, tu iras faire la paillée aux vaches, disait Rodolphe.

— Non, je peux pas, faut que je prépare la composition pour demain.

— Veux-tu écouter, criait Ninie.

— Non, hurlait Michel, faut tout le temps qu'on m'embête. Y a pas de moyen d'étudier tranquille ici, c'est pas assez que j'aille aux champs en rentrant de l'école ? Et mes devoirs ? Quand je vais les faire, moi ? »

Laurence intervenait, essayant d'arranger les choses :

« Écoute, Michel, tu pars devant et, dans un petit moment, ta mère ira te donner la main. À deux, ce sera bientôt fait, puisque par malheur on n'a plus tant de bétail. »

En effet, les réquisitions faisaient rage et les vaches s'en allaient une par une, payées au tiers de leur valeur. Par chance, les deux juments inscrites : J.P.P.[1] étaient passées à travers mailles. Il y avait longtemps qu'elles avaient perdu le goût de l'avoine, aussi manquaient-elles de vigueur et le travail s'en ressentait, alors qu'il aurait fallu au contraire en faire plus grand, puisqu'un hectare rapportait moins, sans engrais et sans semences sélectionnées et que le ravitaillement vous prenait une partie des affaires.

L'habillement était aussi un problème, Michel rentrait du champ des vaches avec ses culottes complètement déchirées.

« Tu peux pas faire attention, grondait Ninie.

---

1. Jument présumée pleine.

— A fallu que je passe au travers des éronces pour arrêter la Blonde qui voulait foutre son camp à la pièce de raves.

— Si c'est pas malheureux un drôle de même ! Comment je vais faire à présent pour que t'ailles à l'école demain ? »

Les tabliers de Ninie ne valaient guère mieux que les culottes de son fils.

Finalement, les femmes défirent une vieille couette et taillèrent culottes et tabliers dans la toile à rayures.

« Ça donne un genre », disait l'Adèle en guise de consolation.

Les vieux étaient de nouveau tranquilles, leurs Yayas repartis chez eux, avec un grand convoi. Pourtant, certains Alsaciens restèrent. Connaissant trop bien les Allemands, ils se méfiaient des promesses et ne tenaient nullement à retomber sous une botte qu'ils supposaient plus lourde en Alsace qu'en Dordogne. Emma et Frida avaient pu obtenir des laissez-passer pour Lyon. De là elles espéraient se rendre en Suisse où Frida avait de la famille.

Des jeunes, partis pleins de confiance, avaient compris en route ce qui les attendait en Alsace : travail obligatoire pour les filles et peut-être enrôlement de force dans l'armée allemande pour les garçons. On eut la surprise d'en voir revenir en cachette :

« Nous avons réussi à nous échapper dans le centre de la France. On avait un peu d'argent alors on a pu acheter de vieilles bicyclettes, et nous voilà. »

On se débrouilla pour leur fournir de faux papiers aussi vrais que des vrais, avec cachets, signatures, tout en règle. Par la suite, plusieurs Alsaciens firent leur vie en Dordogne.

Dans les débuts de la guerre, Laurence et Rodolphe tremblaient pour leur fils. Au moment de la débâcle de 1940, Raymond se trouvait en Auvergne et n'en bougea pas. D'abord élève-soldat, il devint par la suite instructeur et on en avait trop besoin pour l'envoyer se faire tuer.

« Bien sûr, disait Laurence, un mauvais coup peut toujours arriver, mais enfin, si le bon Dieu le veut, Raymond sera à l'abri jusqu'à la fin de ces temps de malheur. »

IV

Le temps des grands départs

RAYMOND ÉTAIT RESTÉ quelque temps dans un chantier de jeunesse. Jeanne et son mari qui se trouvaient du côté de Marseille purent le voir et il envoyait des cartes interzones à ses parents.

Par la suite, il passa au maquis et de là dans l'armée. En 1945, il put enfin venir quelques jours aux Doucettes où Laurence et Rodolphe ne furent pas peu fiers de lui. Il avait vingt-quatre ans, pas très grand, assez râblé, l'uniforme de sergent lui allait bien.

Il ne reconnut pas Michel qui avait onze ans et ne se souvenait même pas de Marie-Laure. Il la trouva jolie, mais ne s'y intéressa guère, occupé par d'autres problèmes :

« Je ne sais pas si je vais faire ma carrière dans l'armée ou dans la gendarmerie ?

— Dans l'armée c'est pas plus dangereux ? demanda Laurence.

— Mais tu monterais plus vite en grade, dit Rodolphe.

— Bé justement, je ne crois pas. J'ai pas assez d'instruction, me faudrait au moins le bac. »

Laurence soupira :

« C'est que tu n'étais pas bien ardent pour l'école. Ah ! si tu avais seulement été comme Michel, celui-là, y a pas moyen de l'arrêter d'apprendre, toujours le nez dans ses livres.

— C'est même embêtant, dit Rodolphe, si on n'y mettait bon ordre, il ferait rien plus.

— S'il veut s'apprendre, il faut le laisser faire. Vous savez qu'il y a maintenant des lois pour aider ceux qui veulent continuer les écoles ?

— Oui, le maître le pousse. Il dit que le drôle passera les examens sans peine. »

En effet, Michel fut reçu brillamment à l'entrée en sixième et fit le même trajet, avec le même vélo que Raymond quelques années auparavant.

Marie-Laure allait à l'école à Saint-Martin, elle n'y faisait pas miracle, mais suivait tranquillement, dans la moyenne, sans faire de bruit.

Laurence était toujours en adoration et la petite lui rendait grandement son affection. Parfois, des gens qui ne les connaissaient pas entraient dans la maison et s'écriaient en voyant Marie-Laure :

« Hé bé, vous ne pouvez pas la renier celle-là, c'est sa grand-mère tout *écupie*[1].

— C'est ma petite filleule, on s'aime beaucoup nous deux, alors c'est forcé qu'on se ressemble », disait Laurence ravie.

Rodolphe et Ninie avaient bien du mal à remettre en ordre les terres laissées à l'abandon par force, pendant plusieurs années.

Ninie s'était moquée en entendant à la radio la voix pathétique de Ramadier :

« Paysans, donnez votre blé, donnez tout votre blé.

— Non mais, écoutez-moi ce vieux fou, qu'est-ce qu'il croit ? C'est-y qu'il se figure qu'on en a fait des conserves de notre blé ? Il y a longtemps qu'on a donné tout ce qu'on pouvait donner. Il me fait rigoler celui-là. Le peu qui nous reste, si on s'en démunit, on va semer quoi ? Et le monde prendra le pain où l'an prochain ? »

Enfin, les temps vinrent moins durs et on commença à retrouver à acheter ce qui faisait besoin. Mais si la prospérité revenait un peu partout, à la terre, l'argent était de plus en plus rare.

Michel, à quatorze ans, passa son brevet. Il voulait continuer ses études à tout prix, sa mère

1. C'est la copie de sa grand-mère.

n'était pas contre. Seulement comment arriver à faire face à la dépense ? Les études on les disait gratuites, oui, peut-être, mais pas les transports, ni les vêtements, ni les mille et un à-côtés qui tombent dessus à chaque instant, ce qui faisait dire à Rodolphe :

« Mais fous-le donc en apprentissage ton gouyat. Qu'est-ce que tu veux n'en faire ? Pas un député quand même ? »

Jeanne n'était plus là pour payer comme du temps de Raymond. Celui-ci venait de combler les vœux de sa tante. Ce projet que Jeanne caressait depuis de longues années, allait enfin se réaliser. Les parents de Germain avaient laissé à leurs deux fils une belle propriété en Charente-Maritime. Le gendarme louait sa moitié à Emilien, son frère, qui cultivait, avec sa femme bien entendu, mais aussi ses enfants, Pierre et Nadine.

Dès la naissance de celle-ci, Jeanne avait tenu le raisonnement suivant :

« Puisque nous n'avons pas de famille, mon mari laissera ce qu'il a aux petits de son frère. Plus tard Pierre prendra la suite d'Emilien, en payant la part de sa sœur, bien entendu. Nadine héritera l'argent, mais pas de terre. Raymond qui est mon filleul, les Doucettes lui reviendront en totalité, mais les sous manqueront pour moderniser. Il faut les faire marier, comme ça, rien ne sortira de la famille, ni d'un bord, ni de l'autre. »

C'est pourquoi elle avait envoyé Raymond chez Emilien lors de sa première permission. Dans la suite, elle ne s'était pas gênée pour dire aux jeunes ce qu'elle attendait d'eux, leur montrant les avantages et agitant toujours la menace, de les déshériter l'un comme l'autre.

Il se trouva qu'ils furent tout de suite d'accord. Raymond était joli garçon, blond, doux, aimable et gai, un peu mou. Nadine, charmante brune au teint mat, décidée, entreprenante, très vaillante, mais pas toujours commode. Ils se plurent et se marièrent en 1948, pendant un congé de Raymond qui avait finalement opté pour la gendarmerie.

Il était en service dans une île du Pacifique, idéale pour voyage de noces et lune de miel. Nadine se trouva très heureuse là-bas et ne tarda pas à donner un héritier à la famille. Les grands-parents en furent fort aises, mais, pour Laurence, rien ne valait sa petite Marie-Laure qui lui rendait tous les services qu'elle pouvait avec joie et affection.

Souvent le jeudi, elle lui disait :

« Aujourd'hui, marraine, je vais te laver les cheveux, et puis après, je te peignerai, tu verras comme tu seras belle. »

Laurence la laissait s'activer autour d'elle, heureuse d'avoir son petit papillon à ses côtés. Mais cela devenait plus rare parce que Michel était parti.

Une belle journée, il avait dit à sa mère :

« Je veux étudier. Pour pas être à charge pendant ces vacances, j'irai toucher les bœufs chez un marchand de vaches, ça me fera quelques sous. À la rentrée, je m'arrangerai.

— Mais que veux-tu faire ? Tu peux point travailler et aller à l'école tout à la fois ?

— T'en fais pas, je trouverai. En ville, il y a bien du monde qui travaille de nuit, et je pourrai aider.

— Mais à quoi ?

— Peut-être chez le boulanger ou le boucher. Le marayeur aussi part de nuit pour aller chercher son poisson à La Rochelle.

— Alors comme ça, tu crois que tu pourras travailler de jour même de nuit ? Et te reposer ? Quand ?

— T'occupe, les jeudis et les dimanches, je dormirai bien sans doute.

— Alors, tu reviendras plus ici ? »

Laurence prit la parole :

« Écoute, Michel, tu fais à ton idée, mais tu viendras porter ton linge à ta mère. Elle le lavera et l'entretiendra. »

Rodolphe parla à son tour.

« Personne te met dehors Michel. Tu veux faire ta situation, c'est bien, mais tu dois le savoir, ici la porte te restera toujours ouverte. »

Michel partit donc et Ninie voulut envoyer Marie-Laure au champ des vaches après la classe. Celle-ci déclara tout net :

« J'irai pas.

— Comment tu iras pas ?

— J'veux pas y aller.

— Hé bé, ma petite, tu iras, et tout de suite je te prie. »

Ninie s'avança vers la drôlesse et la prit par le bras. La petite se cramponna au fauteuil de l'infirme en hurlant :

« Non, j'irai pas et puis d'abord j'ai peur des vaches.

— Tu veux que je prenne un *vîme*[1].

— Non, j'irai pas, j'irai pas, marraine, garde-moi, j'veux pas aller au champ, j'veux rester avec toi. »

Elle avait attrapé Laurence par le cou et serrait de toutes ses forces, hurlant, trépignant et sanglotant. Laurence, à demi étouffée essayait de la raisonner :

« Allons, allons, mon petit pigeon, tu es trop grande pour faire des comédies de même.

— J'irai pas, criait la drôlesse en tapant du pied.

— Tu iras, menaçait Ninie.

— Écoute, Ninie, je te promets qu'elle ira au champ, mais pas aujourd'hui. Dans ces états, elle risque avoir des convulsions et se rendre malade,

---

1. Baguette d'osier.

laisse-la en paix à présent. Demain, elle ira, c'est moi qui te le dis. »

Ninie *rouma* et s'en fut au champ, alors qu'elle avait bien d'autres choses à faire.

La gouyatte se calma peu à peu et Laurence la raisonna tout doucement.

« Écoute-moi, mon petit trésor. Sois gentille, voilà que tu viens grande, faut que tout un chacun travaille sur cette terre, toi comme les autres.

— Je veux bien travailler ici, mais je veux pas aller au champ.

— Pourquoi, ma petite poule ?

— J'ai peur des vaches.

— Allons donc, une grande fille comme toi ? Et puis tu as la Miss.

— Elle m'écoute pas.

— Parce qu'elle a pas habitude, mais tu verras, t'as juste qu'à lui dire : "Tourne la Blonde ou tourne la Rouille", elle mord au jarret, la vache revient, alors tu rappelles la Miss et tu la caresses. Tu lui dis : "C'est bien, t'es une bonne chienne, tu travailles bien".

— Tu crois qu'elle comprend ?

— C'est bien sûr ! Ça lui fait plaisir, alors elle remue la queue et elle te fait des caresses.

— Comment tu le sais ?

— Mais j'ai été au champ moi aussi, quand j'étais jeune.

— Tu pouvais courir ?

— Hé oui, ma pauvre drôlesse, je galopais les vaches dans les bois, j'étais leste comme un papillon. Ah ! je t'assure que je voudrais bien encore pouvoir courir après les bêtes, mais je n'ai plus de jambes. Aimerais-tu être comme moi ?

— Bé non, bien sûr.

— Tu vois, alors comme tu as une bonne paire de jambes bien lestes, il faut t'en servir. Et puis, tu sais, si tu étais placée ailleurs, il faudrait que tu fasses ce que tes patrons te commanderaient.

— Je veux pas m'en aller.

— Alors sois sage et raisonnable et moi je te récompenserai. »

Finalement Marie-Laure alla au champ après la classe et aussi le jeudi. Elle lisait, tricotait et ne s'ennuyait plus. Le dimanche, c'était Ninie qui s'y rendait, ça lui faisait un petit repos au milieu de ses durs travaux habituels.

L'école s'était agrandie et les élèves n'avaient plus besoin d'aller à Ribérac pour préparer le brevet. Marie-Laure le passa donc à Saint-Martin et fut reçue, mais les études ne lui disaient rien. Elle n'avait qu'une idée : s'occuper de la maison et soigner sa marraine. Celle-ci lui faisait des remontrances :

« Faut que tu te fasses une situation.

— Tu n'es pas contente que je reste avec toi ?

— Si bien sûr, ça me fait grand plaisir de t'avoir à mes côtés, seulement ce n'est pas une vie pour une jeunesse de passer son temps avec une infirme. Et puis, je ne serai pas toujours là.

— Veux-tu bien te taire.

— Non, ma petite, il ne faut pas se cacher les affaires et je ne m'en irai pas tranquille si tu n'as pas un métier entre les mains. »

Marie-Laure était bien obligée de convenir que sa marraine avait raison, mais elle ne voulait pas s'en aller au loin.

Finalement, tout s'arrangea : la poste employait de temps en temps une jeune fille. Marie-Laure devint donc postière intérimaire, ce qui lui convenait très bien. Elle était là matin et soir, pendant les périodes de travail, et toute la journée lorsqu'il n'y en avait pas. Elle s'entretenait avec son argent et portait souvent quelque chose pour la maison : un moulin à café électrique, des assiettes à fleurs, un grand sécateur pour Rodolphe, une lampe de chevet pour Laurence.

Il y avait maintenant l'électricité aux Doucettes, une ampoule à l'étable et une dans la cuisine pour commencer, puis, petit à petit, on avait fait mettre la lumière partout. C'était bien commode. Quand la note d'électricité arrivait, Rodolphe trouvait que ça faisait gros, mais les femmes avaient calculé : en définitive, ça ne revenait pas si cher que les lampes à pétrole ou les bougies, c'était moins dangereux et autrement agréable.

Ninie avait voulu une grosse lampe dans la cour. Elle pouvait ainsi soigner ses bêtes plus tard, ce qui lui permettait de rester dans les champs jusqu'à la nuit.

Rodolphe arrivait à la soixantaine : son dos se faisait plus rond, ses gestes moins rapides, mais il était encore solide et abattait bien du travail. Seulement il devenait plus lent et Ninie voyait le moment où elle devrait diminuer le cheptel, mais alors, comment joindre les deux bouts ? Il ne fallait pas compter sur Michel qui donnait rarement de ses nouvelles ; à vingt ans, il était toujours aux écoles.

Boursier, il avait passé son bac en travaillant pendant les congés et parfois la nuit pour assurer son entretien. Depuis son brevet, il s'était débrouillé seul, ne voulant rien devoir à personne.

À présent, il était pion et préparait une licence à la faculté de Bordeaux. On ne le voyait aux Doucettes que lorsqu'il avait besoin de quelque certificat pour se faire inscrire. Il n'était point majeur, il lui fallait donc encore la signature de sa mère, ce qui lui déplaisait profondément.

Il ne parlait guère, seulement un peu à sa sœur :

« Si c'est pas malheureux d'être obligé de venir encore demander l'autorisation de ma mère !

— Mais jamais elle a dit non.

— Il manquerait plus que ça, alors que je me suffis à moi-même depuis un bout de temps.

Vivement que je foute le camp loin de ce pays de malheur.

— Mais j'y suis pas mal moi dans ce pays.

— Tu comprends rien. Attends que je sois devenu quelqu'un d'important, je t'emmènerai à Paris, tu verras alors ce que c'est que des gens riches et savants.

— J'ai pas besoin de partir, je veux rester avec marraine et je me plais bien ici. Mène ta vie comme tu veux, mais ne compte pas sur moi pour m'en aller.

— Fais à ta guise et moi je ferai à la mienne. »

Et Michel disparaissait à nouveau pour un bout de temps.

Vint 1956, année terrible pour les gens de la terre. Le thermomètre descendit très bas. Parce qu'il n'y avait pas de neige, le gel fit des ravages comme on n'en avait pas vu de mémoire d'homme.

Lorsque le froid s'en alla, on put juger des dégâts. Des trois noyers que comptaient les Doucettes, deux étaient morts. Beaucoup d'autres arbres fendus et crevassés par le froid ne profiteraient plus ou mourraient à bref délai. Toutes les céréales semées à l'automne avaient disparu.

Enfin, au grand désespoir de Rodolphe, il ne restait rien de son *barrail*[1] de vignes : les ceps étaient gelés, même les racines.

---

1. Enclos cultivé.

De cela Ninie n'était pas mécontente. Ce qui ne la faisait pas rire, au contraire, c'était l'état des bêtes. Raves et choux-raves avaient complètement gelé. Une gangue de glace dure comme du roc empêchait d'arracher les topines, le printemps pluvieux les fit pourrir en terre, le bétail dut se contenter de foin et de paille. Il n'y en avait pas assez : fourchée après fourchée, Ninie voyait avec horreur la barge s'amenuiser.

En mars, il n'y avait encore rien dans les prés et la litière était jaune et sèche dans les bois. Une des plus vieilles vaches tomba sur la paillée. Pendant dix jours, Rodolphe et Ninie, avec des cordes attachées aux pattes, unissaient leurs efforts pour la retourner, un jour sur le côté droit, un jour sur le côté gauche, pour empêcher l'intestin et la vessie de se bloquer. Finalement, malgré le sac de son qu'elle mangea, il fallut la faire abattre. Elle avait péri de cinquante kilos. De plus, les cuisses étaient mâchées. Elle fut payée presque rien : ça suffit tout juste à régler les visites du vétérinaire.

Une des juments eut des coliques, il fallut la promener, la frictionner, attacher des couvertures autour de son ventre pour la tenir chaude. Enfin, elle se remit. Ensuite, ce fut sa compagne qui se prit à tousser pendant un mois et sécha sur pied. Le vétérinaire ordonna des médicaments qui la sauvèrent mais que de temps et de patience pour faire ingurgiter tisanes et cachets à une bête qui n'en veut pas !

Pour se débattre, elle emploie ses dernières forces et c'est incroyable ce qu'un animal mourant peut encore avoir comme vigueur. On risque toujours un mauvais coup de patte, de tête ou de dents et surtout, attention de ne pas se trouver dessous quand elle tombe !

Lorsque les beaux jours revinrent, l'une des juments avait repris des forces, mais l'autre se traînait avec peine. Ninie était obligée de tellement les ménager que Rodolphe faisait presque autant de travail avec ses vaches.

Ninie se rongeait, répétant :

« Si seulement on avait un tracteur !

— Tu es toujours envieuse de tout, répondait Laurence.

— On ferait le travail bien plus à notre aise et plus vite.

— Qu'est-ce que tu crois, c'est comme les animaux : la maladie ne les arrête pas, mais c'est les pannes, et ça coûte de faire réparer. Sûrement davantage que de soigner une bête.

— N'empêche que ça serait bien commode d'en avoir un. »

Rodolphe conclut en disant :

« T'as vu ce que ça coûte ? Combien te faut de veaux pour avoir un tracteur ? Sûrement tous ceux qu'on fait venir en deux ans de temps. Et la suite ? L'essence, l'huile, l'assurance, tu le vois par toi-même, faut pas y songer, surtout après une année comme on vient de passer. »

Ninie qui connaissait la situation aussi bien que ses patrons convenait qu'en effet ce n'était pas le moment, mais, en dedans d'elle-même, de jour et de nuit, elle roulait des chiffres dans sa tête, sans jamais arriver à rien.

On vivotait péniblement, et c'était tout.

« Encore heureux, songeait-elle, que Marie-Laure travaille assez souvent. Avec ses sous, elle porte l'épicerie en rentrant le soir. Ça rend bien service, autrement, je me demande comment on y arriverait. »

Laurence n'était pas trop bien. Pendant les grands froids, ça allait à demi, mais au dégel elle avait prit une grosse bronchite qui n'en finissait pas.

« Elle est très faible et risque s'en aller à la pousse de la feuille, avait dit le docteur.

— Que faut-il faire ?

— Il faudrait qu'elle mange bien pour reprendre des forces.

— Elle a pas d'appétit, rien ne lui fait envie.

— Je vais vous marquer des fortifiants. »

Marie-Laure ne savait qu'imaginer pour réveiller l'appétit de sa marraine. Un jour, elle lui porta six huîtres. Les yeux de Laurence brillèrent :

« Ah ! petite, ça me fait bien plaisir, il y a si longtemps que j'en avais pas mangé. Ton parrain en achetait de temps en temps avant la guerre. Paraît que c'est bon pour la santé. »

Mais six c'était trop pour elle, elle en laissa deux. Les femmes pressèrent Rodolphe de les prendre, voyant qu'il en avait grande envie.

Il s'assit à la table, ouvrit son couteau, coupa un gros morceau de miche, prépara du vinaigre, des échalotes, et lentement, dévotement, mangea ses deux huîtres.

Dorénavant, chaque semaine quand passait le mareyeur à Saint-Martin, Marie-Laure portait une demi-douzaine d'huîtres à chez elle.

Cela ou autre chose, Laurence se maintint encore quelques mois, mais elle était si légère que sa filleule la soulevait sans peine pour la mettre dans son fauteuil ou sa chaise percée.

Au début de la chute des feuilles, elle s'éteignit doucement dans les bras de sa petite, lui tenant la main jusqu'au dernier moment et la regardant avec amour.

Marie-Laure pleura beaucoup cette marraine qui lui avait servi à la fois de père et de mère depuis sa naissance, mais sa mort n'était pas une surprise, puisqu'on l'avait vue décliner de jour en jour depuis des mois.

Aussi, Marie-Laure avait eu le temps de prendre sa décision. Un soir, après le souper, elle dit :

« Voilà. Maintenant que la pauvre marraine n'y est plus, je vais m'en aller.

— Que veux-tu faire ? demanda Rodolphe.

— On m'avait souvent proposé de faire des stages au loin, pour être titularisée postière, j'avais toujours refusé. À présent, au contraire, je vais le demander et, dès que je serai acceptée, je partirai. »

Il n'y avait rien à répondre à cela, c'était la sagesse et, au bout d'une couple de mois, elle partit à Paris pour un an.

Jeanne y était aussi. Depuis des années, elle n'était pas venue aux Doucettes. Elle avait vécu dans le Midi, avec son mari, depuis qu'il était tombé paralysé, et elle ne pouvait pas le quitter. Germain avait eu une grave complication cardiaque au moment de la mort de Laurence. On l'avait transporté d'urgence dans un hôpital parisien et il s'y trouvait toujours entre la vie et la mort.

Jeanne avait écrit, disant sa peine et son regret de ne pouvoir accompagner sa pauvre sœur pour la dernière fois, mais c'était impossible. Germain étant au plus mal.

Rodolphe aimait beaucoup Marie-Laure, son départ le laissait tout bête. Lui qui ne parlait guère, il dit à Ninie :

« Ça me fait peur de voir cette drôlesse toute seule dans ce grand Paris. Tu crois pas qu'on devrait écrire à la Jeanne ?

— Pour quoi faire ?

— La petite se sentirait moins perdue si elle avait quelqu'un plus pour s'occuper un peu d'elle.

— Laisse donc la Jeanne où elle est, on dirait que tu la connais pas. Et puis, quand Marie-Laure sera rendue à Paris, si ça se trouve, l'autre n'y sera plus. »

En effet, contre toute attente, Germain surmonta la crise. Plus tard, par une lettre de Raymond annonçant qu'il aurait une permission vers la Noël, on apprit que l'oncle était reparti dans le Midi en ambulance, mais qu'il lui fallait encore tant de soins que sa femme y suffisait tout juste.

« Hé bé, ça va l'occuper. Au moins pendant ce temps elle se mêlera pas de vouloir gouverner les autres », conclut Ninie.

Raymond n'avait donc pu revenir au moment de la mort de sa mère, car il était à l'autre bout du monde. Il s'y plaisait beaucoup, et sa famille aussi.

Comme il l'avait dit dans sa lettre, ils vinrent tous passer plusieurs mois de permission pendant l'hiver 1957. Il faisait de nouveau très froid. Pour eux, habitués aux pays chauds et à un certain confort, les Doucettes n'étaient pas vivables. Ils louèrent donc une maison dans le Midi, à côté de chez Jeanne et Germain. Avant de s'y rendre, ils allèrent quelque temps chez les parents de Nadine et vinrent passer une journée avec Rodolphe.

Les enfants, un garçon et deux filles, suivirent Ninie qui s'occupait de toutes les bêtes. Ils posèrent des tas de questions et racontèrent à Ninie comment c'était chez eux. Elle les trouva gentils et bien élevés.

Le froid devenant plus vif, ils ne revinrent pas aux Doucettes. Seul, Raymond passa à plusieurs reprises pour régler les affaires avec son père :

« Le bien est à toi, ça te vient de ta mère, je n'ai rien à y voir.

— Me semble pourtant que tu as droit à quelque chose, mais c'est pas la peine de faire de la dépense pour en savoir davantage. Que ma pauvre mère n'y soit plus ne change rien à l'affaire, toi et la Ninie, vous avez qu'à continuer comme avant.

— S'il faut que je te paye une location…

— Je gagne de bons mois, j'ai pas besoin d'autre chose.

— Un fermage, je pourrais pas te le donner, j'ai tout à peine à régler celui de la Jeanne.

— Je te demande rien. Quand je serai à la retraite, on verra comment on s'arrangera. En attendant, te fais pas de souci, c'est pas nous autres qui te ferons des misères. »

Ils repartirent et la vie continua, pas toujours facile. En février 1958, le froid fut de nouveau terrible. Ninie s'était froissé un nerf dans le bras et ne pouvait plus tirer beaucoup de seaux d'eau du puits pour abreuver les bêtes.

Rodolphe, avec une hache, alla casser la glace sur la serve. Comme elle avait quinze centimètres d'épaisseur, il prit bien de la peine et attrapa une suée. Ninie détacha les bêtes et fit la paillée pendant qu'elles buvaient.

Elles allaient avec précaution, avançant une patte sur la glace, la retirant, cognant du nez cette surface dure. L'une après l'autre, elles trouvèrent le trou plein de glaçons qui se ressoudaient presque au fur et à mesure. Elles burent longuement, le poil hérissé par le vent de nord.

Le soir, Rodolphe ne se sentit pas bien ; au matin, il tremblait la fièvre et ne put bouger. Le docteur trouva un début de bronchite, ordonna tout un tas de choses à prendre de jour et de nuit. Alors, pour être plus à même de le soigner, Ninie prit la place de Laurence dans le lit et y resta lorsque Rodolphe fut guéri. Pourquoi garnir deux lits quand une paire de draps suffit ?

Contrairement à Michel, Marie-Laure en partant n'avait pas brisé les liens. Elle écrivait de temps en temps et surtout venait chaque fois qu'elle le pouvait. Aux Toussaints 1958, en rentrant du cimetière, où elle avait abondamment fleuri la tombe de sa marraine, elle prit la parole :

« À mon premier stage, j'ai fait connaissance avec un jeune homme. Quand on a été séparés, on s'est tout le temps écrit. Puis on s'est revus plusieurs fois, et maintenant on voudrait se marier.

— Tu es encore jeune, tu as pas le temps de te mettre la corde au cou ? »

Marie-Laure se mit à rire :

« Mais maman, j'ai plus de vingt ans ! Et, si tu connaissais Fabien, tu ne parlerais pas de corde au cou, y a pas plus gentil que lui.

— Hé bé, dit Rodolphe, si tu nous le menais voir, peut-être ta mère pourrait mieux se rendre compte.

— On demande pas mieux, mais ça sera juste entre deux trains, le premier dimanche que nous aurons de libre ensemble. Il y a un moment que Fabien voudrait connaître où j'ai resté avant de le rencontrer. »

Ils purent s'échapper début décembre et le garçon plut à tout le monde. Rodolphe trouva qu'il n'était pas fier, qu'il savait manier la fourche et connaissait un peu le travail de la terre. Bien que la visite fût courte, Ninie vit qu'il n'était point sot et comprit que sa fille serait heureuse avec ce beau garçon, gentil, sage et réfléchi.

« Et vous voulez vous marier quand ?

— À la Noël nous irons rendre visite à ses parents à lui, en Auvergne. Après on décidera de la date. »

Au mois de janvier, Ninie reçut une lettre :

Ma chère maman, mon cher parrain, ceci est pour vous dire que j'ai fait connaissance de la famille de Fabien et cela m'a fait comprendre bien des choses : pourquoi il était pas pressé que j'y aille et comment ça se fait qu'il soit si économe. Rassurez-vous, ce ne sont pas des brigands, tout le contraire, de très braves gens.

Seulement vous ne pouvez pas vous faire une idée comment c'est là-bas. Les Doucettes semblent un palais à côté de chez eux, et trente hectares leur paraît une richesse énorme ! Eux, ils sont sept à vivre sur trois hectares. Ils ont deux vaches et deux porcs, ils vendent un peu de lait au litre et quelques légumes quand ils en ont de reste. L'hiver est bien plus dur que chez nous, il y a de la neige partout, parfois on ne peut pas du tout sortir. Alors, pour se gagner quelques sous, ils font des manches de couteaux, parce qu'il faut vous dire que la ville la plus proche, c'est Thiers, la capitale des couteaux.

Mais si vous saviez ce qu'on leur paye pour ce travail qui est tout de même long et minutieux ! Vraiment la misère je l'ai vue de près : deux petites pièces sombres, séparées des vaches par un bas-flanc de planches. Là vivent les parents de Fabien, le père et la mère de son père et ses trois petits frères. Il a deux sœurs placées en ville qui portent parfois un peu d'argent et lui en envoie aussi de temps en temps.

Nous avons pensé que si nous voulions nous marier aux Doucettes, sa famille ne pourrait pas venir, ils en auraient de la peine et Fabien également. Si on se marie chez eux, ils voudront faire de la dépense plus qu'ils ne peuvent et finalement c'est sur Fabien que les notes retomberont.

Alors, on a décidé de se marier sans personne, à Orléans où comme vous savez je travaille depuis plusieurs mois. Fabien est actuellement au Havre, mais il a demandé à être plus près de moi et il vient d'être nommé à Bourges.

Évidemment les premiers temps on ne se verra que le week-end, mais dans la suite l'administration arrivera sans doute à nous réunir.

Si je peux joindre Michel, je lui demanderai d'être mon témoin.

Ils se marièrent tout petitement en janvier 1960 et ils venaient plus rarement, mais toujours avec grand plaisir.

*

* *

À présent, aux Doucettes, ils n'étaient que tous les deux pour entretenir la propriété. Rodolphe, très résistant au travail, ne savait pas se presser.

« Il faut le laisser aller son petit train, disait Ninie, et au bout de la journée, il a abattu quand même bien du travail. »

Pour elle, jamais elle ne s'était sentie si forte, pleine d'idées et de projets :

« Faut tâcher moyen de s'en sortir. On ne peut plus continuer de la sorte, surtout maintenant avec cette maudite familiale qui nous tombe dessus. »

En effet, il fallait à présent payer sur les hectares qu'on cultivait : sociale, familiale, vieillesse, on n'y comprenait rien, sauf que ça vous pompait jusqu'à la moelle.

Les vieux Tourneboule ne savaient point lire. Ils recevaient peu de courrier, seulement parfois quelques prospectus et leur feuille d'impôts qu'ils connaissaient bien.

Depuis un certain temps, le facteur leur portait de grandes feuilles jaunes qu'ils serraient dans le tiroir avec le reste. Et puis, un beau jour, il vint une lettre recommandée. Ils prirent peur, le vieux alla à la mairie se faire expliquer :

« Vous n'avez jamais payé la familiale depuis que c'est obligatoire. À présent, on vous réclame cent cinquante mille francs ! »

Cent cinquante mille francs ! Autant dire la lune. Le vieux rentra chez lui comme un automate, conta l'affaire à sa femme qui s'en alla pleurer chez Ninie. Celle-ci fut désolée, elle avait beaucoup d'amitié pour ces voisins, pas chicaniers et toujours de bon service.

Chez Roussion les aidaient de leur mieux. Ils prenaient de l'âge et lui n'avait jamais été un grand courageux. De plus, les rhumatismes le rendaient presque infirme. Quant à Adèle, tant et tant de fois elle s'était baissée pour râteler et sarcler qu'à présent ses reins ne pouvaient plus se redresser. Elle allait, toute courbée, le nez touchant bientôt terre. Voilà qu'ils ne pouvaient plus guère travailler et, bien souvent, c'était Rodolphe ou Ninie qui leur labouraient un bout de terre, qu'ils puissent au moins faire venir pour manger.

Laurence, lorsqu'elle vivait, n'entendait pas qu'on tue le goret sans porter des boudins et un bon morceau de lard à chez Tourneboule. Ils le pendaient au plancher. Lorsque Ninie le voyait presque fini, elle allait trouver la vieille :

« Tenez, je vous porte une toupine de graisse, on en a de reste cette année, alors c'est pas la peine de la faire perdre.

— Tu es sûre que ça te fera pas besoin pour gaver tes bêtes ?

— Ah ! ma pauvre, j'en ai trois pots d'il y a deux ans ! »

En rapportant le panier de légumes pour la soupe, Ninie en laissait quelque peu, lorsqu'elle voyait que les vieux n'en avaient plus. Cela, on pouvait le faire, et c'était de bon cœur, mais cent cinquante mille francs, où les prendre ?

« Ils pourraient peut-être vendre leurs vaches ? disait Ninie.

— Penses-tu ! D'abord deux vieilles carnes comme ça, qu'est-ce que ça vaut ? Autant dire rien. Mais de toute façon, c'est des bêtes qu'ils ont en *chetl*[1]. C'est pas à eux, ils peuvent point les vendre.

— Que va-t-il se passer ?

— Je le sais pas, peut-être leur petit bien sera vendu.

— Mais eux ? Que vont-ils devenir ?

1. En cheptel, c'est-à-dire en fermage, ou à moitié du croît.

— Ils feront comme d'autres, ils iront à l'hospice. »

Seulement le père Tourneboule ne l'entendait pas de cette oreille : l'hospice, jamais !

Pendant un temps, on le vit errer de son carreau de vigne à son morceau de bois, sans plus prendre goût à rien, et la vieille de jour en jour était davantage jaune, sèche et courbée.

Un matin, à la fine pointe du jour, Rodolphe et Ninie furent éveillés par une détonation, puis une autre leur parvint, plus proche, et Miss se mit à hurler à la mort.

Ils trouvèrent la porte ouverte chez Tourneboule et, dans son lit, la vieille, morte en dormant d'une charge en pleine poitrine. Le vieux, couché dans sa vigne s'était tiré un coup de fusil dans la bouche.

Cela fit grand bruit dans le pays. Tout le monde en parlait. Il y eut une recherche d'héritiers, on trouva trente-cinq petits-cousins. Ils se disputèrent et les scellés furent mis sur la maison.

Cependant, la première peine passée, Ninie en tira vite des enseignements :

« Ces pauvres vieux, ils ont point su s'adapter. À présent, faut suivre son temps.

— C'est plus vite dit que fait.

— Écoute donc, Rodolphe, c'est ça ou crever. Nous faut regarder les choses en face et changer vivement notre fusil d'épaule.

— Je vois pas ce qu'on peut faire de plus ? On travaille notre pleine peau et on n'y arrive pas.

— Justement, on travaille beaucoup pour un gain trop petit.

— Travailler moins pour gagner plus, ça s'est jamais vu.

— Non, pas travailler moins, mais travailler autrement.

— Que veux-tu dire ?

— Hé bé, cette vigne qui a crevé quand il a tant gelé, nous faut la replanter en saint-émilion et vendre pour le cognac.

— Ah ! oui, et combien de temps te faut avant de toucher le premier sou ? Quatre ans peut-être ?

— Plus vite on plantera, plus vite on aura la récolte.

— Et tu vois ça comment toi ? Faire défoncer, acheter les plants, le fil de fer, mettre les marquants, couper les piquets, les écorcer, les appointer, les passer au vitriol, les enfoncer. Encore, le travail je dis pas, mais l'argent ?

— Justement, l'argent c'est qu'une avance. Aux premières récoltes on l'aura vite rattrapé.

— Peut-être. En attendant, faut le sortir.

— Mais puisque Raymond t'a donné procuration pour tout, suffirait de faire un petit emprunt au Crédit Agricole. »

Rodolphe sentit ses cheveux se hérisser sur son crâne :

« Moi emprunter ? Et sur le bien de mon fils ? Es-tu folle ? Jamais je ferai ça. »

Ninie n'insista pas ce jour-là, mais mille et mille fois revint à la charge, de front ou par côté.

« Écoute donc, Rodolphe, puisque tu veux pas entendre parler de la vigne, moi je vais te causer de vaches. On vend tout le bétail, on s'achète une demi-douzaine de frisonnes et on fait le lait. Ça fera au moins un peu d'argent tous les mois, au lieu que les veaux, elles en ont qu'un par an, encore pas toujours, et c'est point chaque fois de l'extra.

— Et pour travailler ?

— Faudra faire avec les juments. Ah ! si tu voulais m'écouter, on s'achèterait un petit tracteur et on bazarderait les deux rosses. Voilà qu'elles viennent bien vieilles, faudra songer à les remplacer. »

Rodolphe, acculé par la nécessité, ne savait plus que faire. Impôts, prestations, assurances de toutes sortes, la sociale de Ninie, la familiale, tout ça ne faisait qu'augmenter sans cesse. Les feuilles blanches, vertes et jaunes tourbillonnaient dans la tête de Rodolphe, il fallait toujours payer, payer, payer. Mais comment ?

Une visite inattendue fit tout à coup pencher la balance.

Rodolphe avait un filleul de dix-huit ans, dernier enfant d'Henri, son vieux camarade. Jean-Pierre venait tous les ans souhaiter la bonne année à son parrain qui ne manquait pas de lui donner ses étrennes.

Janvier était loin puisque juin commençait et le gouyat avait l'air embarrassé.

« Je venais vous voir, parrain, mais mon père le sait pas.

— Il t'avait pas fait défense de venir quand même ?

— Non, non, c'est pas ça, mais il ne serait peut-être pas content si je vous contais à quoi je songe.

— Alors, mon drôle, qu'est-ce qui ne va pas ?

— Voilà, je voulais vous demander un service.

— Si je le peux…

— Peut-être, peut-être pas. Voilà, mon père s'est disputé avec sa sœur.

— C'est pas la première fois.

— Non, mais maintenant, ça vient grave. Ma tante veut sa moitié et, si mon père lui donne pas, elle fera vendre la baraque.

— Malheureusement, je vois pas ce qu'on peut faire. C'est dans son droit d'avoir sa moitié d'héritage.

— Bien sûr, et mon père est pas contre. Il veut emprunter au Crédit Agricole pour lui donner sa part, mais voilà.

— Quoi plus ?

— Le Crédit ne prête que si quelqu'un se porte caution, mais mon père dit que ça la fout mal d'aller demander ça à un étranger. Alors, moi, j'avais pensé que peut-être vous... Vu que vous nous connaissez bien, vous savez ce que vaut notre terre. Au moins quatre fois plus que ce que mon père empruntera.

— Écoute petit, je veux te dire ni oui ni non, me faut le temps d'y réfléchir. Je te rendrai réponse à la foire, dans huit jours. »

Ninie avait entendu et son cœur bondissait de joie. Voilà enfin l'occasion ou jamais. Bien sûr, il fallait que Rodolphe soit caution pour l'Henri, mais il fallait aussi que l'Henri soit caution pour Rodolphe, ainsi ce dernier comprendrait qu'il n'était pas le seul dans son cas. On emprunterait un peu, oh ! pas beaucoup, juste de quoi acheter un petit tracteur et les plants de vigne. Pour le reste, on s'arrangerait.

Et Ninie entreprit Rodolphe de plus belle : qu'il serait bien rien s'il refusait de signer pour son meilleur ami. À qui rendrait-il service si ce n'était pas à son camarade de régiment qu'il connaissait depuis toujours ? C'était pas l'Henri qui ferait jamais tort d'un sou à quelqu'un et puis, quel risque avait-il ? Vu que ce qu'il emprunterait serait garanti par ce qu'il achetait, plus son bien à lui, plus tout son train de culture. Et Jean-Pierre ? Il était là lui aussi en cas de besoin. Il avait appris le métier de maçon-couvreur, c'était un bon drôle, bien vaillant, pas sot et qui ne voulait certes pas de mal à son parrain.

Sous cette avalanche d'arguments, Rodolphe faiblit et dit à Jean-Pierre que l'Henri n'avait qu'à venir le trouver un soir après souper et qu'ils causeraient tous deux de cette affaire.

Quelques jours plus tard, Jean-Pierre amena son père, par une soirée sombre et pluvieuse. Ninie tira les contrevents, ferma la porte en clé et... soigna les hommes : vin rouge, vin blanc, café, cerises à l'eau-de-vie, confitures de vieux garçon, tout y passa.

À peine les deux hommes entrés, Ninie avait mis au feu une poêle garnie de graisse, et vivement les œufs furent cassés, la farine brassée. En quelques minutes, un plat de bugnes dorées, saupoudrées de sucre vanillé, fut sur la table, à portée des hommes. Ils puisaient, mangeaient, buvaient. Une bonne chaleur les envahissait.

« Te souviens-tu, la fois qu'on avait pendu la charrue du vieux Miton à la cime d'un arbre ?

— Ah ! là là, il faisait donc bien vilain.

— Et nous qu'on était caché dans un taillis ! Et on riait, on riait...

— On était quand même bien battables en ce temps-là.

— Pas plus qu'au régiment. Tu te rappelles de l'adjudant qui... »

Voilà les deux vieux partis dans leurs souvenirs et, le vin aidant, tout attendris.

Pendant ce temps, Ninie et Jean-Pierre mettaient sur pied leur affaire et, quand enfin il fallut songer au départ, Jean-Pierre prit la parole :

« Voilà, on a fait le compte, il faut demander pour nous huit cent mille et pour mon parrain cinq cent mille, je vais faire préparer les papiers, vous aurez juste qu'à aller signer. »

Oui, aller signer au Crédit Agricole, c'était justement ce qu'ils ne voulaient ni l'un ni l'autre :

« Tu te rends compte, à mon âge, j'aurais bonne mine. Le monde comprendra vite pourquoi je rentre là.

— On aura bientôt fait de dire qu'on est dans la débine. Faut pas compter que j'irai. »

Et, têtus comme deux vieux ânes, ils n'en démordaient pas. Déjà que c'était criminel d'emprunter, si de plus ça se murmurait de tous côtés, hé bé non ! valait mieux tout laisser. Et ils se séparèrent sans rien de fait.

Jean-Pierre et Ninie se remuèrent, complotèrent, et tout finit par s'arranger. Ce ne fut pas Rodolphe et Henri qui allèrent au Crédit Agricole, ce fut le Crédit Agricole, rapide et discret, qui alla chez eux.

Mais là, autre difficulté, il fallait que Rodolphe ouvre un compte :

« Qu'est-ce que vous voulez que je fasse de ça ? J'en ai jamais eu et j'en veux pas !

— Mais pour faire les chèques ?

— Jamais j'en ferai, je sais pas faire et puis d'abord, c'est toujours la Ninie qui s'occupe des affaires.

— Et si vous lui donniez la signature ? Le compte serait bien entendu à votre nom, mais elle pourrait tout faire à votre place.

— Hé bé d'accord, comme ça je veux bien ! »

V

Avancer ou crever

POUR NINIE allaient commencer des années pleines comme un œuf, pleines de travail, pleines de soucis, mais aussi pleines de réalisations.

D'abord les bêtes furent vendues au grand désespoir de Rodolphe. Ninie ne voulut pas lui percer le cœur tout à fait et garda les deux vieilles vaches de travail. Six frisonnes prêtes à faire veau vinrent remplacer les cinq grosses limousines et gâtines.

L'hiver suivant, une des juments mourut. L'autre ne valait guère mieux et ce fut avec beaucoup de peine que Ninie la vit partir à l'abattoir.

Pendant des années, ces deux bonnes bêtes l'avaient servie avec courage et fidélité. Grâce à elles, les Doucettes fournissaient davantage de récoltes, on avait pu progresser un peu, mais leur temps avait pris fin. À présent, c'était la mode du tracteur.

Il fallait un vigneron assez étroit pour pouvoir passer dans les vignes nouvellement plantées. Les rangs étaient à deux mètres, au lieu d'être en jouelles de douze mètres, avec des récoltes au milieu comme autrefois.

Sur la même surface, ça faisait bien plus de pieds de vigne... et aussi bien plus de travail et de rendement.

Rodolphe ne voulut jamais entendre parler de choisir le tracteur :

« C'est toi que tu le veux, t'as qu'à t'en débrouiller. C'est pas moi qui l'achète et c'est pas moi qui monterai dessus. »

Alors, Ninie s'était renseignée, avait comparé, hésité, très tentée par un diesel, plus cher à l'achat, mais moins coûteux en carburant. Il lui aurait tout à fait convenu, mais hélas, une fois calculé ce qu'il fallait pour planter la vigne, la somme qui restait n'était pas grosse. Il fallut se rabattre sur un Ford à pétrole avec démarrage à l'essence.

Ninie dut apprendre à le conduire. Ça ne lui parut pas plus difficile que de mener un *pétarou*. Il fallut ensuite voir comment l'entretenir, vérifier les niveaux, le gonflage des pneus, etc., etc.

À première vue, on devait faire plus de travail, donc plus de revenus.

Dans ces terres de Double, le temps entre le trop sec et le trop mouillé est très court. Avec les vaches, on labourait un journal, c'est-à-dire un tiers d'hectare en travaillant du matin au soir.

Avec la machine, on tournait presque un hectare à l'heure, à condition d'avoir la charrue spéciale pour le tracteur et surtout de pouvoir le mettre en route. Une fois parti, rien à dire, il marchait, mais il fallait le démarrer ! Le vendeur avait montré à Ninie comment elle devait tourner la manivelle sans se faire casser le bras par le retour.

« Il part au quart de tour », avait-il affirmé.

Oui vraiment, parce que c'était la fin de l'été et qu'il faisait encore très chaud. Dès que la température fraîchit, Ninie s'échina à tourner, dix fois, vingt fois, cent fois avant qu'un grondement répondît enfin à ses efforts.

Puis, avec les gelées, il fallut le vidanger tous les soirs. Le matin, Ninie prit le parti de garnir le radiateur avec de l'eau bouillante. Elle traversait la cour de la maison à la grange avec ses seaux pleins d'eau chaude, remplissait le réservoir, donnait un tour de manivelle et s'en retournait faire chauffer d'autre eau ou s'activer ailleurs pendant un quart d'heure. Elle revenait alors, vidangeait l'eau refroidie dans un baquet, mais il en tombait à côté et ce n'était guère plaisant d'avoir le sol de la grange toujours *bouillassous*. Il fallait garnir de nouveau le radiateur avec de l'eau bouillante, essayer de mettre en marche, recommencer trois ou quatre fois le manège, bien heureuse quand le moteur démarrait enfin avant la nuit ! Il arrivait qu'il ne parte pas du tout et il fallait se rabattre sur les vieilles vaches pour aller chercher la nourriture indispensable au bétail.

Ninie passa dix mois affreux. Rodolphe ne lui fit guère de reproches parce qu'il la voyait dépérir, mais il se rongeait.

À présent, chaque fois que Ninie se mettait à tourner cette maudite manivelle, elle sentait son ventre craquer et sa vessie s'ouvrir. Alors, elle dit à Rodolphe :

« Je ne peux plus durer ainsi.

— Je le vois bien.

— Si tu m'en crois, vendons cette vieille ferraille et achetons un diesel avec un accu et un démarreur.

— Moi je veux bien, mais l'argent ? Et le Crédit à rembourser dans quelques mois ?

— Justement, rassemblons tous nos sous. Vendons le porc, j'ai des affaires qui restent de celui de l'an dernier et puis tant pis, nous mangerons un peu plus de patates. Vendons tes deux vieilles carnes, une bonne vache s'il y a besoin, mais attelons-nous comme il faut.

— Avec le Crédit à rembourser, jamais on n'y arrivera.

— Tu comprends rien, le Crédit Agricole, on va le rembourser de suite. On vendra la volaille, même les lapins, et si ça ne suffit pas, on ira chez le notaire lui demander ce qui manquera.

— Et les intérêts ?

— Mais ce ne sera que pour quelques jours.

— Comment ça pour quelques jours ?

— Bé oui, le Crédit remboursé, on fait vite un emprunt un peu plus gros et le tour est joué. »

Rodolphe se grattait la tête avec embarras. Ça ne lui plaisait pas, mais là pas du tout. Cette dette qui lui pesait déjà tant sur le cœur, elle serait encore augmentée ? Et si l'Henri voulait plus être caution ? Et si le Crédit ne prêtait plus, une fois qu'il serait remboursé ? Mais d'un autre côté, si la Ninie venait à tomber malade ? Si elle partait à l'hôpital pour trois mois comme l'autre fois ? Et si elle en sortait les pieds devant ?

Rodolphe, acculé, finit par céder, de très mauvais gré. Ils ne purent pas bien sûr avoir un tracteur neuf, mais celui que Ninie choisit était en parfait état et elle l'aima comme un animal. Elle faisait les vidanges en temps voulu, récoltait de l'eau de pluie dans un bocal de verre bien propre pour tenir toujours les accus pleins, et nettoyait les filtres avec soin. Malgré tout, il ne partait pas toujours volontiers, pourtant, c'était moins pénible qu'avec l'autre, parce qu'il n'y avait plus de manivelle à tourner, mais il fallut très vite acheter un chargeur d'accus que Ninie branchait le soir pour pouvoir démarrer presque à coup sûr le lendemain matin.

Cependant, dès qu'il fit un peu froid, Ninie reprit son va-et-vient avec les seaux d'eau chaude et, si elle avait tenu le constructeur, elle disait qu'elle l'aurait étranglé ! Pourquoi le bouchon de vidange était-il placé à un endroit complètement impossible ? Il aurait fallu une main d'enfant pour l'atteindre facilement ! Et, si on le laissait échapper et qu'on ne le retrouve pas, où chercher un pas de vis semblable ? En Angleterre ? En Amérique ? Et combien de temps pour le faire venir ? Et pourquoi le jet qui sortait allait-il frapper automatiquement sur la barre de direction, giclant de tout côté, inondant d'eau brûlante ou glacée le tracteur et la personne en train de vidanger. Et pourquoi les écrous des accus avaient-ils deux grosseurs ? Pour le plaisir de faire suivre un peu plus de clés ?

Enfin, à part un certain nombre d'inconvénients, la machine marchait bien, le moteur tournait comme une montre et Ninie se mit à labourer. Elle s'aperçut vite qu'en utilisant le brabant, il lui fallait descendre, le tourner à chaque bout de rang. Ce n'était pas Rodolphe qui pouvait courir pour suivre le tracteur à la vitesse où il allait. Pareil pour la faucheuse : on pouvait bien l'accrocher à l'arrière, Rodolphe assis sur le siège, le pied sur le débrayage, la main sur le levier de relevage de la lame. Seulement, pour ne pas aller plus vite que les vaches, c'était presque impossible, le moteur, trop ralenti, calait. On augmentait donc un peu les gaz, les sections se mettaient à faire un bruit de crécelle folle, Rodolphe dansant sur son siège, n'avait plus le temps de soulever la lame pour éviter les taupinières, ni de débrayer quand ça bourrait. Alors, les rivets sautaient, les doigts se dévissaient et la bielle cassait.

À l'évidence, ce vieux matériel n'était pas fait pour être accroché derrière le tracteur, il fallait des outils modernes.

Pendant dix ans, Ninie courut après la réussite, comme un chien court après sa queue, toujours sur le point d'y arriver et la voyant s'échapper au moment où elle croyait la tenir.

D'abord le lait. Ça aurait bien marché si l'étable avait été plus propre, mais comment faire quand le sol de terre est plein de trous remplis de purin ? On a beau garnir d'une épaisse couche de litière, les vaches piétinent là-dedans, font ressortir le jus, s'en mettent partout. Même en lavant les trayons, le lait ne sent pas bon et tourne facilement.

« Il vous faudrait un refroidisseur », disait le ramasseur en leur laissant deux bidons de vingt litres à demi caillés.

Ninie faisait un peu de fromage et donnait le restant aux volailles. Sa dernière truie avait été supprimée : avec les vaches à traire matin et soir, le temps lui manquait pour s'en occuper.

« Que j'aie une vache de plus ou de moins, le travail est le même, tandis qu'une coche, c'est un autre chantier. On a élevé deux *velles* l'an dernier, j'en garderai une. Ça me fera autant de revenu que d'avoir une laitée de gorets, au prix où est le petit riz à présent. »

Quand la paie de juillet arriva, une partie du lait avait été laissé parce que tourné et le reste était en dernière qualité. Non, vraiment, ça ne faisait pas un gros mois !

C'est sûr qu'avec un refroidisseur, ça irait bien mieux et puis, la laiterie leur proposait d'installer tout de suite l'appareil et de leur retenir une petite somme chaque mois pendant deux ans.

Ninie fit le calcul :

« Cinquante litres par jour, partis comme on est, on y arrivera, tantôt plus, tantôt moins, mais ça fera une moyenne et rien que la différence de qualité nous paiera le refroidisseur. Sans compter qu'il n'y aura plus de lait refusé, on sera gagnants à coup sûr.

— Tu crois qu'on a bien tout compté ? demandait Rodolphe.

— Hé bé oui, sauf bien entendu qu'il nous faut l'eau.

— Ah ! tu vois, tu vois, ça va encore nous mettre dans la dépense.

— Écoute donc, aujourd'hui ou plus tard, tu comprends bien qu'il nous faudra l'eau. Nous ne pourrons pas toujours tirer au puits. Les seaux et les bidons à lait, faut que ça soye tenu très propre.

— Oui, bien sûr, mais alors, quand c'est que tu crois qu'on remboursera le Crédit ?

— T'en fais donc pas, quand la vigne va se mettre à donner, on fera de l'argent. »

La vigne venait très bien, elle commença à produire plus vite qu'on aurait cru. Bien entendu, il fallait faire les traitements, sulfatage, soufrage. Les pompes à dos ne suffisaient plus. En parlant, Rodolphe trouva à acheter une traction de rencontre qui ne coûta pas trop cher. Ça épargnait bien de la peine. Ninie avait juste à passer dans les rangs avec le tracteur et la sulfateuse. Rodolphe dosait et préparait tout, car il aimait le travail de la vigne et, à présent, il était tout fier de son nouveau barrail. Par exemple, il ne fallait pas lui demander de traire, ses gros doigts s'y refusaient complètement. C'était donc le travail de Ninie. Le matin, avant de partir dans les champs, et le soir souvent après la nuit tombée, alors qu'elle était bien fatiguée, il lui restait encore la traite à faire.

La tête appuyée sur le flanc de la vache, le seau entre les jambes, elle trayait à moitié endormie. Son plaisir et sa récompense, c'était lorsque le récipient n'était pas assez grand et qu'elle devait aller le vider avant d'avoir terminé la vache.

Elle tournait dans sa tête toutes sortes de chiffres et de projets :

« Six vaches à dix litres, ça fait soixante litres. Si j'en avais dix, ça ferait cent litres, à tant de francs le litre, ça ferait tant par jour, par mois, par an, on pourrait peut-être cimenter l'étable ? Il faudrait aussi l'agrandir, pour dix vaches, c'est trop petit, et puis faudra d'autres bidons, et cette eau, où la prendre ? Le puits ne pourra jamais fournir assez, l'hiver oui, mais l'été il est presque à sec. Alors, en creuser un autre ?

Faudra aussi retourner les vieux prés, faire des récoltes en dérobée, on n'a pas grand, si on veut dix vaches laitières, c'est pas avec de la *palène*[1] qu'elles auront du lait. »

Ah ! qu'elle avait de bons moments à calculer, prévoir, organiser. Rodolphe n'était pas contrariant, elle arrivait presque toujours à le persuader qu'à coup sûr on serait gagnant si on faisait ci ou ça. Il branlait la tête, inquiet de la voir se lancer, mais il suivait.

Ninie se sentait aussi très heureuse lorsqu'elle était seule, dans les champs, sur son tracteur. Cette terre qui se tournait en longs rubans bien droits, elle trouvait cela beau.

« C'est du bon travail que je fais là. Un coup d'herse, après je sème, un autre coup d'herse et c'est terminé. Comme ça va bien naître dans cette terre si propre ! Après, j'irai préparer l'autre pièce.

---

1. L'herbe des bois.

Pourvu que ça fasse bon encore quelques jours ! Quand j'aurai fini, si ça mouillait un peu, ça ferait pas de mal. »

Mais parfois, le temps pressait, les nuages gris montaient, le vent commençait à souffler de l'ouest :

« Si je peux pas le faire avant l'eau, c'est fini. À la saison où on est, presque aux Toussaints, on pourra plus rentrer dans les terres avant le printemps. Vite, vite, si je veux pas être rifflée faut que je termine. »

Hélas ! les terres de Double sont traîtres. Avant que la pluie tombe, la terre déjà se ramollit et Ninie se pensait :

« Attention, voilà la mouillère, mais je la prends en descendant, ça doit pouvoir passer, faut aller vite et lever la charrue, tant pis s'il y a un petit carreau mal labouré, de toute manière dans la mouillère, y a jamais rien qui vient. »

Elle passait, une fois, deux fois, trois fois.

« Ça y est presque, encore deux tours et c'est fait. »

Et plof, d'un seul coup le tracteur descendait, les roues arrière se mettaient à patiner. Elle avait beau lever la charrue, freiner une roue, puis l'autre, c'était fini, la voilà enterrée. Alors, commençait un lent travail de patience : d'abord, défaire la charrue prise dans la terre malgré le relevage. Ça n'était déjà pas facile. Après, faire encore un essai avec le tracteur allégé : la plupart du temps, ça ne servait qu'à l'enfoncer davantage. Ninie allait donc chercher un long et solide morceau d'acacia — elle en avait comme ça, au bord du bois dans certains champs — elle le mettait devant les roues arrière du tracteur et il fallait souvent gratter un moment pour passer sous les marchepieds qui reposaient déjà dans la boue. Enfin, voilà le bois installé. Au tour des deux vieux morceaux de chaînes que Ninie faisait toujours suivre, accrochées au siège. Il fallait passer la chaîne dans un trou de la jante.

« Attention, où est la valve ? Faut surtout pas qu'elle risque d'être prise par la chaîne. Elle serait arrachée et après, pour démonter la roue et la mener à réparer, ça serait pas de la rigolade ! »

La valve repérée, si elle n'était pas en bonne position, Ninie remontait sur le tracteur et faisait tourner la roue jusqu'à ce qu'elle soit comme il faut.

Alors, elle passait la chaîne par le trou qu'elle avait choisi et en attachait les bouts aux piquets à l'intérieur et à l'extérieur de la roue. Surtout pas de crochets ni de pointes, après on ne peut plus les sortir. Il faut faire un nœud lâche qui se serre de lui-même !

Pareil pour l'autre roue, puis Ninie remontait sur le tracteur, et, le plus lentement possible, faisait tourner les roues. Les chaînes se tendaient, serrant leurs nœuds et doucement, doucement, le tracteur sortait de terre, montait sur le pieu, en redescendait de l'autre côté, arraché de son ornière. Ninie reculait très légèrement pour décoincer les pneus aplatis par les chaînes et afin de pouvoir défaire celles-ci, ce qui n'était pas toujours facile. Souvent, il fallait taper dessus avec clé ou marteau et ne pas avoir les doigts trop près lorsqu'elles se détendaient brusquement.

Ninie remontait sur le tracteur et, si tout allait bien, c'était débourbé. Mais, parfois, le sol cédait de nouveau et il fallait répéter l'opération deux ou trois fois, jusqu'à ce que les roues retrouvent un sol plus ferme.

Le grand piquet ne suffisait pas toujours, il était nécessaire d'en mettre d'autres dessous, en travers. Le ciel se couvrait de nuages de plus en plus noirs, le tracteur s'enfonçait encore davantage, les pneus remontaient l'argile vierge, jaune et grasse, puis l'eau sourdait de partout, annonçant la pluie proche.

Ninie, couverte de boue de la tête aux pieds, pataugeait au milieu des piquets cassés, des chaînes coincées, poussant, tirant, sautant du siège, remontant, regardant le ciel avec inquiétude.

C'était ce moment-là que choisissait Rodolphe pour apparaître. Il n'entendait plus ronfler et s'avançait pour voir ce qui se passait.

« Je vais t'aider, faudrait peut-être…

— Qu'est-ce que tu viens m'emmerder. Tu n'y connais rien, fous-moi le camp d'ici. Va-t'en fermer les bêtes, que tu serves au moins à quelque chose… »

Il s'éloignait, la tête basse, ruminant sans rien dire, laissant Ninie se débrouiller de son mieux.

Il arrivait parfois que le tracteur s'enfonçait aussi par-devant, le moteur à moitié enfoui dans la boue. Là, il n'y avait rien à faire, qu'à demander le lendemain un ou deux voisins et leurs tracteurs pour venir tirer avec des grands filins. Mais c'était rare, le plus souvent, Ninie s'en sortait toute seule, dégageait la charrue de loin avec ses bouts de chaînes et rentrait dans la nuit, contente de s'en être tirée.

« Comme te voilà arrangée, lui disait Rodolphe la voyant couverte d'une gangue de boue.

— Bast, c'est les plaisirs de la terre », ripostait Ninie avec bonne humeur.

*

* *

La vieille maison de Tourneboule commençait à tomber en ruine, depuis des années qu'elle était sous scellés.

Un jour, une auto s'arrêta devant la porte, un homme fit le tour des bâtiments, examina le portail de la grange qui pendait, à demi sorti de ses gonds, le trou béant dans le toit de l'étable, les crevasses lézardant les murs de la maison.

Rodolphe, qui guettait l'étranger depuis sa cour, le vit entrer dans l'unique pièce. Au bout d'un moment, il ressortit et se dirigea chez Roussion.

Après les politesses échangées, il expliqua à Ninie et Rodolphe que les héritiers s'étaient finalement mis d'accord pour vendre le bien et que lui l'avait acheté.

« C'est pas que j'en avais besoin, j'ai bien assez de terres en Charente, mais j'ai une grande pièce de bois qui longe en bas, alors, ces cinq hectares moitié taillis, moitié terre, je vas les faire semer en pins. Dans quelques années, avec ce que j'ai déjà, si ça brûle pas, bien sûr, ça me fera une sacrée pinière.

— Et les bâtiments ? demanda Ninie.

— C'est rien, je m'en vas les faire écraser et ça se sèmera avec le reste. Mon fils viendra chercher ce qu'il y a de bon comme tuiles et démonter quelques morceaux de charpente encore serviables.

— Et le linge ? Le meuble ?

— Depuis les temps, les rats ont tout *coupillé* les *linceuls*[1] et le reste, et puis, vraiment ils avaient si peu, ces pauvres vieux.

— Juste pour se servir, mais pas du neuf.

— C'est sûr, les meubles c'est tout vermoulu. Si quelque chose vous fait plaisir, vous avez qu'à le prendre, j'enverrai mon commis brûler le restant d'ici une quinzaine. »

Dès que Ninie voulut le déplacer, le cabinet s'écrasa, complètement pourri. Mais le lit était

1. Draps.

encore bon. Une fois dévissé, ils le montèrent sur le *chabanot*[1] des Doucettes, avec la table et deux chaises.

« On n'en a pas de besoin pour le moment, mais peut-être un jour ça pourra servir. »

Ils y joignirent le fusil et la machine à faire les cartouches. Rodolphe en avait déjà, mais ça aurait été dommage de les détruire.

*

* *

Pendant que Rodolphe et Ninie travaillaient du mieux possible aux Doucettes, les deux jeunes faisaient leur vie.

Marie-Laure avait vu deux ou trois fois son frère lorsqu'elle était en stage à Paris.

Michel continuait toujours des études, dans plusieurs directions à la fois. Puis, il partit à l'université de Lille où Marie-Laure lui écrivit au moment de son mariage. Il avait répondu qu'il était d'accord pour servir de témoin à sa sœur bien qu'il la blâmât fort d'épouser un petit postier. Pourquoi n'attendait-elle pas ? Lui, Michel, aurait sûrement trouvé quelqu'un de beaucoup mieux placé pour sa sœur. Enfin, si elle s'en mordait les doigts plus tard, elle ne pourrait pas dire que son frère ne l'avait pas prévenue.

---

1. Petit grenier au-dessus des vaches.

Michel vint donc à Orléans passer la journée du mariage, puis il disparut de nouveau, repris par ses chères études. Plus tard, il écrivit à sa sœur que le sursis qu'il avait demandé était maintenant terminé et qu'il partait faire son service, sans doute en Algérie où ça faisait très vilain.

Pour rejoindre le centre d'incorporation, Michel passait à quelques kilomètres des Doucettes. Il n'osa pas ne point s'y arrêter pour dire au revoir à sa mère. Il la trouva à mi-pente du pré devant la maison :

« Qu'est-ce que tu fais ? » lui demanda-t-il en désignant l'étrange amarrage qu'il avait devant les yeux.

Au-dessus d'une large excavation, trois énormes pieux, réunis au sommet, soutenaient une poulie sur laquelle passait une corde. Ninie, arc-boutée, tirait de toutes ses forces.

Un seau apparut, rempli de terre, qu'elle alla vider un peu plus loin.

« Tu le vois, nous sommes à même de creuser un puits. »

Se penchant, elle cria :

« Remonte, Rodolphe, Michel est rendu.

— Il y a bien un puits dans la cour ?

— Bé oui, mais tu le sais, l'été on peut tout juste tirer deux-trois seaux par jour. À présent qu'on fait le lait, c'est pas suffisant.

— Vous croyez que ce puits-là il aura davantage d'eau ?

— J'espère bien que ce coup-ci on est tombé sur un bon sourcier.

— Parce que vous en avez eu des mauvais ?

— Hé oui ! la première surtout. On nous avait enseigné cette femme et vraiment, elle valait rien du tout. On a creusé neuf mètres, pas une goutte d'eau ! Celui-ci, c'est le quatrième qu'on creuse, mais l'homme est valable, fallait voir son pendule comme il tournait.

— Tu parles !

— Mais si, je te promets ! Avec des cailloux, il nous a même dit à combien de mètres on trouvera l'eau et aussi le débit.

— Vous y croyez ?

— Oui, on a encore trois mètres à faire et déjà on sent l'humidité.

— C'est vrai, dit Rodolphe qu'ils avaient aidé à sortir de son trou, et c'est bien temps que ça finisse, on commence à en avoir notre saoul de creuser, une fois un en haut à tirer, l'autre en bas à gratter, une autre fois l'inverse. »

Ninie expliqua :

« Le plus pénible, c'est de descendre les buses bien d'aplomb, les poser juste l'une sur l'autre, en glissant quelques petits tuyaux entre-z-elles.

— Des tuyaux ? Pour quoi faire ?

— Hé bé, comment tu veux que l'eau rentre si les buses sont trop jointives ? »

Rodolphe était parti tirer à boire, alors Michel entreprit sa mère :

« C'est un travail de dingue que tu fais là.

— Le moyen de faire autrement ? Nous faut bien de l'eau.

— Je te comprends pas, fous donc le camp de là. En nulle autre place, tu travailleras autant. Et pour gagner quoi ? Pour qui tu travailles ? Tu veux me le dire ?

— Écoute, Michel, tu comprends pas…

— Si, je comprends que tu te crèves pour rien. N'importe où en ville, je te trouverai une place. Tu gagnerais des mois dont tu n'as même pas idée, tout quitte, nourrie, logée, blanchie.

— Peut-être bien, je ne dis pas non.

— Et avec beaucoup moins de peine. Ouvrir la porte, répondre au téléphone, un peu de cuisine, de ménage…

— Justement, je ne suis pas une femme de maison.

— Mais tu te rends compte ! C'est cent fois, mille fois moins dur que ce que tu fais et tu gagnerais bien davantage.

— Écoute, mon drôle, je dis pas que tu as tort, mais moi, la terre me colle aux galoches. Jamais je n'irai en ville, je serais bien trop malheureuse si je peux plus galoper les champignons dans les bois, faire venir de la récolte et soigner mes animaux.

— Comme si c'était les tiens », conclut Michel furieux.

Il prit le car du soir et on n'eut plus guère de ses nouvelles que de temps en temps par une carte qu'il envoyait à Marie-Laure et qu'elle faisait passer à sa mère.

Ce qu'il vit ou souffrit en Algérie, nul n'en sut rien. À son habitude, il se tut et ne se plaignit pas. Souvent, Ninie tremblait pour lui lorsqu'elle entendait parler des atrocités qui se passaient là-bas.

Enfin, son temps fut terminé et Marie-Laure écrivit à Ninie que Michel lui avait rendu visite à Orléans pendant dix minutes.

Il est noir comme un nègre, et pas gras ! Mais il se porte bien et compte travailler à Paris. T'en fais pas pour lui, il dit qu'il n'aura pas de peine à trouver une bonne place et je suis sûre que c'est vrai...

Cependant, aux Doucettes, la vie poussait Ninie et tout n'allait pas toujours comme on voulait.

Une belle fois, rentrant des commissions, elle trouva Rodolphe les bras ballants devant une vache étendue dans le pré, la langue tirée, la bouche pleine de bave, le ventre énorme.

« Qu'est-ce qui se passe ? Qu'a-t-elle ?

— J'ai entendu bramer. Le fil de la clôture électrique était par terre, il y avait deux vaches dans la pièce de trèfles.

— Mais tu vois pas qu'elle est gonfle ? Tu as pas été chercher le vétérinaire ?

— Je l'ai frottée, dit piteusement Rodolphe.

— Grand imbécile, tu comprends pas que cette bête va crever si le vétérinaire la perce pas, prends le pétarou et file. Quel âne, mais quel âne ! Qu'est-ce que j'ai fait au bon Dieu pour m'être embarrassée d'un homme de même ! »

Tout en défilant un chapelet d'injures, Ninie courut couper une branche de figuier, la mit en travers dans la bouche écumante de la malade et amarra solidement le bois à l'aide de ficelles attachées aux cornes et au cou de la vache.

Entendant une plainte, Ninie se retourna et vit la Blanchette chancelant sur ses quatre pattes écartées. Le ventre tendu comme une outre, les yeux exorbités, elle commençait à tirer la langue en bavant.

Vite, Ninie alla de nouveau chercher du figuier. À son retour, Blanchette était étendue de tout son long, haletant péniblement.

À grand-peine, elle lui fixa le bois dans la goule. La bête renâclait, essayait de se débarrasser de la branche, la mâchouillait en en faisant sortir le suc vomitif. Elle eut des haut-le-cœur, une série de borborygmes s'échappa de sa gorge, enfin, dans un dernier effort, elle rendit une masse verdâtre et mousseuse.

« Ça va déjà la soulager un peu », se pensa Ninie.

Elle se retourna vers la Violette et la vit au plus mal. Alors, Ninie alla chercher à la maison le couteau à tuer le cochon. Dès qu'elle comprit que la bête était finie, elle lui coupa le cou. Le sang coula, tout noir et une odeur de fermenté se répandit partout.

Lorsque enfin le vétérinaire arriva, il enfonça un trocard dans le flanc gauche de la Blanchette, le gaz s'échappa avec un sifflement, et comme un ballon dégonflé, le ventre se raplatit. Aussitôt, la bête se leva et se remit à manger.

« Il faut la rentrer, dit le vétérinaire, que je puisse désinfecter la plaie. Ça va guérir tout seul, elle est sauvée. Pour l'autre, vous avez bien fait de la saigner, mais je crains fort que la viande soit déjà gazée ! »

En effet, la bête fut saisie complètement et Rodolphe et Ninie ne touchèrent pas un sou.

Comme un malheur ne va jamais seul, sur les deux génisses élevées tant bien que mal, une creva au vêlage, ce qui fait qu'il n'y avait toujours que six vaches.

« Tant mieux, disait Ninie pour se consoler, on ne pourrait pas en mettre plus dans ce mauvais bâtiment. »

Et elle en revenait à son idée de construction.

De droite et de gauche, elle se renseignait. Il paraît qu'on pouvait avoir des subventions pour monter une nouvelle étable et Ninie était pleine d'enthousiasme.

Rodolphe, beaucoup moins :

« Tu crois que ces gros messieurs lâchent des sous comme ça ?

— Mais enfin, il y en a qui ont touché !

— Oui, mais pour avoir un sou combien faut en dépenser ?

— Bien sûr, on nous donne pas tout, mais ça aide quand même.

— Peut-être.

— Hé bé, je vais aller voir. Dans tout le canton, il y a bien cinq ou six personnes qui ont monté des étables neuves. »

Et Ninie galopa quelques dimanches, de droite et de gauche, compara, calcula et finalement renonça :

« Tu comprends, si tu veux des subventions, faut te faire faire un plan. Déjà ça coûte, et puis après faut suivre les “normes” comme ils disent, tu peux pas faire ce que tu veux. Et ceux qui les ont faites leurs fameuses “normes”, c'est sûr qu'ils ont jamais soigné des bêtes !

— Pourtant les gens qui ont étudié pour, ils doivent bien savoir.

— Faut croire que non justement. Leurs stalles courtes ou demi-courtes, c'est pour que les vaches restent propres, les bouses tombent dans le caniveau, elles peuvent pas se coucher dedans.

— Hé bé ! c'est bien, y a rien à dire !

— Si, il y a à dire : les bêtes ont pas les mêmes idées que les chrétiens. Couchées, ça va bien, mais quand elles sont debout, elles descendent leurs pattes arrière dans le caniveau, et, là où j'ai été voir, il y en avait plusieurs qui s'étaient déviré la matrice à cause de ça.

— Alors faut pas faire ce genre.

— C'est pas tout : les mangeoires ont été inventées par des messieurs qui n'ont jamais vu manger une bête.

— Comment ça ?

— J'en ai examiné plusieurs sortes : bien propres, en ciment, faciles à nettoyer. Seulement, pas moyen que chacune ait sa ration, elles se mangent l'une chez l'autre comme elles veulent. Il y a des petites séparations métalliques qu'on soulève pour balayer d'un bout à l'autre, mais tu n'entends qu'un bruit de ferraille ! Les vaches ont vite appris à les soulever leurs petites saloperies de séparations, elles arrivent à se tirer même les baquets ! Et puis le bord de la crèche est tellement bas qu'en trois coups de nez, le foin est rendu au mitan de la grange ! L'homme que j'ai vu, quand il en a eu marre de passer son temps à ramasser le fourrage, il a mis des treillages pour surélever les bords. À d'autres places, c'est dans l'étable qu'il n'y a pas de séparations suffisantes. Une qui est craintive, jamais elle pourra manger, les autres lui bourreront dedans à chaque fois qu'elle voudra rentrer dans sa crèche. Et tout ça, ça coûte, ça coûte ! Faudrait emprunter je ne sais combien pour faire comme ils veulent !

— Tu vois, je te l'avais bien dit ! C'est tout des trompe-couillons », conclut Rodolphe.

*
* *

Un jour, le facteur porta une longue enveloppe blanche. Ninie la tourna deux ou trois fois avant de l'ouvrir.

C'était une annonce de mariage :

Michel Saurin des Doucettes, Antoinette Nouzille de la Cime ont l'honneur de vous faire part de leur mariage.

La carte manqua lui tomber des mains.

« Qu'est-ce que c'est ? demanda Rodolphe.

— Hé bé, c'est Michel, voilà qu'il se marie ! »

Elle regarda de nouveau le faire-part.

« Eh non ! Il est marié ! C'est bien ce mois-ci, mais le quantième est passé de huit jours !

— Ainsi, dit Rodolphe, tu auras pas besoin de te mettre en souci pour te rendre à la noce.

— Je comprends pas, comment ça se fait que Michel marque "les Doucettes" ? Il a jamais aimé d'être ici, c'est point là qu'il reste. Il vote au loin depuis bien longtemps.

— Fais-voir », demanda Rodolphe.

Pendant un bout de temps, il éplucha la carte de A à Z. Ninie, que la surprise rendait muette, s'était assise sur le seuil de la porte.

« Ce que je comprends pas, c'est que la Marie-Laure nous a pas prévenus.

— Peut-être bien qu'elle le savait pas.

— Oh ! quand même ! »

Rodolphe rumina un bon moment. Enfin, un rire silencieux lui plissa la figure et secoua ses épaules :

« Hé bé, me semble que je vois le pourquoi de la chose.

— Te semble, te semble... Toi que tu vois jamais rien !

— Regarde donc le nom de la fille : “De Nouzille et de machin”. Le drôle qui est fier comme bar-tabac, lui fallait bien un peu rallonger le sien pour se mettre à leur mode. “Les Doucettes”, c'est pas mentir après tout !

— Eh non, c'est vrai qu'il est né là. Je crois bien que tu as raison, Rodolphe. Michel est un glorieux, faut toujours qu'il pète plus haut que son cul ! Je parie que sa femme on la verra pas souvent ici ! »

Ninie n'avait pas tort. Il ne vint rien de plus, sauf une lettre de Marie-Laure, deux mois plus tard, disant sa surprise d'avoir reçu le faire-part après le mariage. Elle avait quand même envoyé des félicitations, ajoutant qu'elle serait contente de connaître sa belle-sœur.

C'était Antoinette qui lui avait répondu en rentrant de voyage de noces. Une gentille lettre disant que Michel et elle seraient heureux de les avoir à déjeuner, tel jour, telle heure, si ça leur convenait.

Ils s'y étaient donc rendus tous deux. Le jeune ménage habitait dans la très belle maison du beau-père. Antoinette n'avait ni frère ni sœur. Sa mère était morte en la mettant au monde, elle ne pouvait laisser son père seul.

Celui-ci, un vrai savant, avait pris Michel avec lui pour l'aider dans un centre de recherches. C'était sûrement une famille du grand monde et passablement riche.

Je me fie à mon frère pour avoir fait la bonne affaire. Cependant, toute médaille a son revers, Michel a vingt-neuf ans, cette longue haridelle d'Antoinette en a peut-être dix de plus. Elle est sèche comme une trique et, si elle portait des talons hauts, elle pourrait lui manger la soupe sur la tête. Heureusement, elle n'en a point l'idée et ne semble pas non plus faire cas de la toilette.

Antoinette et son père ont été très gentils avec nous. Pourtant Fabien dit qu'il n'y retournera pas ; il ne se sent pas à l'aise d'être servi à table par un valet et de naviguer dans des beaux salons. C'est pas comme notre Michel qui se gonfle et fait le grand patron. Paraît qu'ils ont aussi un château et beaucoup de terre autour.

J'ai compris pourquoi les faire-part ont été envoyés à retardement : dans leur monde, on aurait pas été à notre place et Michel a fait en sorte qu'on ne puisse pas aller à la noce. Ils vous font dire à tous deux que peut-être, dans l'été, ils iront vous faire visite.

Mais l'automne arriva sans que personne soit venu.

*
* *

La jeune vigne avait déjà donné quelques raisins précédemment. À présent, dans sa quatrième année, la récolte s'annonçait importante. Au milieu du saint-émilion à l'épais feuillage d'un vert intense, deux rangs se distinguaient par leurs magnifiques couleurs pourpres et dorées dès les premiers jours d'automne : c'était l'alicante de Rodolphe.

Il aimait le vin, buvait sec et avait déclaré :

« Tant qu'à faire de planter de la vigne, me faut un peu de rouge pour ma servitude. »

On planta donc deux rangs d'alicante que tout le monde appelait « tachant » tellement le jus en était noir et imprégnait les mains.

Ce cépage précoce, Rodolphe et Ninie le vendangèrent seuls, à petites journées. Ils eurent largement le temps de cueillir, faire cuver, presser et mettre en barrique avant de commencer à couper le blanc.

Le saint-émilion des Charentes cultivé dans la Double est très recherché, il a moins de degré qu'ailleurs, mais il est plus fruité. Les longues grappes aux grains serrés et juteux commençaient à se dorer au soleil d'octobre et Ninie se prépara à trois semaines de cuisine intensive.

Depuis des mois, elle avait retenu deux journaliers porteurs de hotte. Rodolphe pouvait le faire pour quelques rangs, mais cinquante, à son âge, c'était trop. L'aide des voisins avait été demandée, à charge de revanche bien entendu. Fabien et Marie-Laure s'étaient réservé quelques jours de vacances pour ce mois-là.

Le cantonnier offrit également ses services. Depuis des années, il venait chercher son vin au litre. On le voyait arriver de loin sur son pétarou ; trapu, le dos rond, les poches carnassières gonflées de bouteilles, la casquette enfoncée jusqu'aux sourcils. Ses grosses bajoues, ses yeux roulant comme ceux d'un lièvre effrayé et sa voix grasseyante le faisaient ressembler à un célèbre acteur, aussi tout le monde l'appelait-il Galabru, alors qu'il se nommait simplement Durand. Son aspect un peu comique se trouvait encore renforcé par le fait qu'à la moindre émotion il se mettait à bégayer terriblement. Un peu buveur, très couard et assez feignant, c'était au demeurant le meilleur homme du monde. Bavard comme une pie, bien reçu partout, il payait son verre de vin en donnant toutes les nouvelles du canton.

Voyant Rodolphe et Ninie verser de l'eau sur les douilles tournées à l'envers, il leur dit :

« Je vois que vous êtes à même de *tancher*[1] la futaille. De ce moment j'ai mes congés, si vous voulez, je viens vendanger.

---

1. Faire gonfler le bois pour étancher les fuites.

— D'accord, mais pas pour rien, vu que vous avez pas de vignes et qu'on peut pas vous rendre. On vous paiera vos journées.

— Ah ! non par hasard ! Si je vous propose, c'est pas pour me faire payer.

— Hé bé alors, vous emporterez quelques cantines de vin.

— Si ça vous fait plaisir, c'est entendu. Entre nous autres, on s'arrangera toujours… »

Depuis un an, Ninie avait prévu cette période de repas. Il fallait que ce soit bon, copieux et varié, mais rien de recherché ni de nouveau, ça ne se fait pas. Alors, la volaillère était pleine de poulets, de pintades et de canards. Les lapins attendaient sagement dans leurs cages le moment du sacrifice.

Dans les pots, les saucisses sous la graisse, les pâtés et les *grillons* faits avec le porc tué en décembre s'alignaient sur une grande étagère. Un jambon entier et un autre entamé pendaient au plancher. Il y avait des cèpes et des fruits au sirop dans les bocaux. Le cabinet regorgeait de sucre, de nouilles et de café. Au jardin, les salades et les radis avaient été programmés pour durer plusieurs semaines.

Alors, en plus de son travail ordinaire, Ninie devait prévoir : la soupe, les hors-d'œuvre, la viande, les légumes, le fromage et le dessert pour… 3 à 20 personnes selon les jours. On ne peut jamais savoir qui viendra ou ne viendra pas.

Ninie préparait largement la veille au soir, se réservant d'ajouter ou de retirer après avoir été dire bonjour et compté les travailleurs dans la vigne. À midi, elle faisait « houp ». Un des hommes présents ramenait le tracteur avec, sur la remorque, les cuves pleines de vendange.

Tout le monde se mettait à table et les bavardages allaient bon train. Après le café et la goutte, les hommes partaient s'occuper au chai, pendant que les femmes aidaient Ninie à mettre la vaisselle en place. Cela lui permettait d'aller à la vigne avec les autres et d'avoir le plaisir de cueillir les fruits d'un long travail. Elle ne pouvait pas s'empêcher de montrer à ses voisins de rang les grappes qui lui semblaient les plus belles :

« Regardez-moi ça ! Sûrement plus d'un kilo et au moins cinquante centimètres de long. Trois de même et voilà le panier garni ! Voyez ces petits pieds comme ils sont chargés ! C'est presque pas croyable ! »

Et chacun s'extasiait de bon cœur, pour lui faire plaisir et aussi parce que c'était vrai que la récolte était très belle. Mais tout ne va pas toujours comme on veut et l'on n'est sûr de rien tant qu'on ne tient pas l'argent dans la main.

Le vin commençait à bouillir dans les cuves lorsqu'une nuit Rodolphe, sorti pour tomber son eau, entendit un bruit bizarre venant du chai. Il alla voir et Ninie fut éveillée par ses cris :

« Vite, vite, viens, tout le vin se fout le camp ! »

En trois enjambées, elle fut à ses côtés et comprit. Il faisait chaud, en bouillant le chapeau avait passé par-dessus bord. Ça faisait siphon et le moût coulait à flots sur le sol en terre battue.

Pendant que Rodolphe mettait sous la cascade des seaux qu'il vidait au fur et à mesure dans le pressoir, Ninie tira un grand baquet de bois devant la cuve et entreprit d'ouvrir le robinet. Ce fut long, car la cannelle était dure.

Ninie, en chemise, sentait le vin lui dégouliner sur la tête et le dos, mais elle ne s'en apercevait même pas.

Enfin, dans un grondement de cataracte, le liquide jaillit avec une telle force qu'il se forma tout de suite une mousse épaisse qui piquait les yeux et le nez de Ninie penchée au-dessus, prête à fermer le robinet avant que la baille déborde.

Le siphon fut bientôt brisé, Rodolphe et Ninie contemplèrent avec amertume une partie de leur récolte s'en allant en petits ruisseaux qui s'amenuisaient à mesure que la terre les buvait.

Malgré cette perte, l'argent commençait à rentrer et Rodolphe soupirait d'aise, disant :

« Enfin, cette fois, on va pouvoir rembourser le Crédit.

— Qu'est-ce que tu crois ? Au contraire, l'emprunt il faut le renouveler et même peut-être en prendre un peu davantage.

— Encore ! Mais à quoi tu penses ?

— Je pense que le vin il rentrera plus dans nos barriques. Tu le vois pas que la place nous manque ?

— Pas beaucoup, on trouvera bien quelques voisins pour nous prêter des fûts.

— Parlons-en ! Des barriques moitié pourries qui nous gâtent notre marchandise ! On est obligés de vendre à la va-vite de peur de tout perdre, alors qu'en attendant un peu, on tirerait davantage de sous.

— Que veux-tu y faire ?

— Ce que je veux ? Faire monter deux grandes citernes en ciment dans le chai, comme ça on sera tranquilles.

— Deux ? Tu crois pas que ça suffirait d'une ?

— À présent oui, mais la vigne va prendre de la force et donnera davantage dans les années qui viennent. De plus, nous faudrait planter encore un peu.

— Mais où tu veux planter ? Nous sommes presque à ras du bois.

— Oh ! tu sais les piniers sont pas bien épais sur cette bordure. On les sortirait pour planter jusqu'à la gravière, ça serait bien.

— Ah oui ! Et la Jeanne ? Quand elle verra plus de piniers, que va-t-elle dire ?

— Jamais elle est venue depuis que son mari est malade.

— Et s'il vient à mourir et qu'elle arrive.

— Il y a pas de tempêtes dans la Double ? Tu as qu'à lui dire qu'un coup de vent les a fait tomber.

— C'est vrai que sur grave, ils sont pas trop solides. Mais quand même, tu crois pas qu'on en a déjà de reste, des vignes à travailler ?

— Bé justement, c'est pour s'épargner de la peine qu'il nous faut planter davantage.

— Ça par hasard !...

— Eh oui, c'est comme ça. Il va nous falloir un pressoir moderne, des charrues doubles et bien d'autres affaires. Comment amortir le matériel si on n'a pas assez grand à travailler ? Même que tu le veux pas, on est poussés. Faut toujours aller de l'avant, autrement on est foutus.

— Jamais on remboursera ce maudit emprunt », se lamentait Rodolphe.

Dans l'été qui suivit, le facteur porta une lettre de Michel : il passerait déjeuner avec sa femme en allant en vacances à Arcachon. Lui se serait bien dispensé de venir, mais Antoinette avait une envie de femme enceinte : elle voulait connaître la mère de Michel et le pays où il était né. Sa grossesse la fatiguait beaucoup, le docteur avait recommandé Arcachon au climat plus doux que la mer. Comme il ne lui fallait pas de contrariétés, de mauvais gré, Michel accepta de faire le détour par les Doucettes. Avec leur grosse voiture, ce n'était pas une affaire.

Surtout ni confits ni bouillon gras, elle est très délicate, il ne lui faut que des choses légères, avait écrit Michel qui se méfiait de sa mère et de ses repas pantagruéliques, ruisselants de graisse.

Ninie s'était efforcée de lui obéir : elle avait fait un bouillon de légumes avec juste un morceau de carcasse pour donner du goût. Comme hors-d'œuvre : saucisson, beurre et radis. Elle trouva que ça faisait tout de même trop chien et ajouta un pâté de porc. Elle en sortit la graisse qui lui servit à arroser le poulet. Une demi-heure avant la fin de la cuisson, elle vida autour de sa volaille un bocal de cèpes qui chauffèrent doucement dans le jus du rôti, avec un petit hachis d'ail et de persil. Une belle salade du jardin, un morceau de *croûte rouge*[1] et un *trappiste*[2], enfin, pour terminer, une tarte aux prunes dont la pâte avait bien deux centimètres d'épais.

Rodolphe mit au frais le pineau pour l'apéritif et le vin blanc pour le dessert. À Saint-Martin, il avait acheté deux bouteilles de très bon saint-émilion qui tiédissaient auprès du foyer.

Lorsque la voiture entra dans la cour, il était tard, on s'embrassa gauchement et on se mit tout de suite à table.

Ninie servait tout en jetant de brefs coups d'œil à sa bru. Non, vraiment elle n'était point belle avec sa longue figure blanche et ses épaules étroites. Surtout, elle avait point l'air costaud. Pas étonnant si elle mange jamais davantage qu'aujourd'hui : trois radis, un blanc de poulet, de la salade. Ça oui,

---

1. Fromage de Hollande.

2. Fromage fabriqué à la trappe d'Échourgnac.

elle avait bien mangé de la salade, à croire qu'elle était race de *cagouille*[1]. Mais le fromage, juste gros comme une noix. Et la tarte ? Elle avait mangé les prunes et laissé la croûte. Michel lui, par hasard, il ne s'était pas laissé crever de faim : et repris du pâté et mangé trois fois des cèpes, au moins ça faisait plaisir de le voir faire. Pour pas s'étouffer, il aida à couler avec bon nombre de verres de vin. Après le repas, les hommes sortirent faire un tour et les deux femmes restèrent en tête à tête, embarrassées et gênées. Elles ne se comprirent pas. Elles auraient pu peut-être y arriver, mais elles ne firent d'efforts ni l'une ni l'autre.

Antoinette voyait en sa belle-mère une paysanne à peine propre, au langage émaillé d'expressions locales, aux manières frustes, évoluant dans une cuisine rudimentaire. La propriété lui semblait toute petite, le sol aride, habituée qu'elle était aux riches plaines de la Beauce.

En traversant la Double, Michel lui avait expliqué que dans les temps très anciens, les glaces venant du Massif central avait glissé et déposé une grosse couche de sable et d'argile sur le calcaire du Périgord : c'était ça la Double, plus sauvage, plus pauvre et très différente de la Dordogne connue et touristique.

---

1. Escargot.

Antoinette avait regardé avec étonnement ce paysage tout nouveau pour elle. Ces fermes complètement isolées : clairières bordées de chênes et de châtaigniers, disséminées sur de vastes étendues de landes, de taillis, ou de pins dont le vent balançait les cimes avec un bruit de vagues. Elle avait frissonné en pensant aux gens qui vivaient seuls, si loin des premiers voisins.

Parfois, la route longeait des étangs à demi couverts de nénuphars et de roseaux. Des bouleaux argentés poussaient sur un bord. De l'autre côté, c'était des pins sombres se reflétant dans l'eau dormante où les nuages en passant mettaient des lumières changeantes.

Antoinette avait trouvé les bois tristes, les étangs sinistres et ce n'était pas Michel qui lui aurait dit le contraire. Ni l'un ni l'autre n'avait senti le charme des horizons bleutés, la beauté des feuillages divers et contrastés, la paix des eaux calmes.

Pas plus qu'elle n'avait compris le pays, Antoinette ne sentit chez Ninie la femme de valeur et de courage, intelligente, entreprenante, organisatrice et travailleuse.

Ninie, de son côté, regardait avec un peu de mépris et beaucoup de pitié la personne choisie par son fils :

« Une fille de ville qui ne connaît rien à rien, trop fière pour m'adresser la parole, point jolie, passée-fleur depuis longtemps. De plus, elle tient pas debout. Faut croire qu'il y a bien des sous derrière pour que Michel se soit embarrassé de cet outil. C'est vrai qu'il n'est ni bien grand ni bien beau, mais lui au moins il est costaud, et puis le voilà maintenant savant, gagnant gros, c'est sûr. Me semble vraiment qu'il aurait pu trouver mieux que ce mariage de nigauds où la poule est plus vieille que le *jau*[1]. »

Ninie ne vit pas ce que cette fierté et cette froideur apparente cachaient de discrétion, de douceur et d'égalité d'humeur.

C'était en partie pour ces qualités-là que Michel avait choisi sa femme. Sa force de caractère, son indomptable volonté avaient besoin d'un être souple à ses côtés. Elle avait quelques années de plus que lui, c'est vrai, mais c'était largement compensé par toutes sortes de choses. Il entrait dans une grande famille, son beau-père était de l'Institut. Michel admirait ce savant qui avait bien voulu l'associer à ses recherches. De plus, il était encore fort riche grâce à Antoinette qui, depuis sa majorité, avait dû lutter contre les inconséquences du vieil enfant qu'était son père. Il n'entendait rien à l'argent, incapable de gérer ses propriétés et d'équilibrer un budget. Tout allait à vau-l'eau et, lorsqu'elle avait

---

1. Coq.

rencontré Michel, Antoinette était à bout, écrasée par ses responsabilités, désespérée par des problèmes qui lui paraissaient insolubles.

En l'assistant de son père, elle trouva l'homme qu'il lui fallait : bon sens, puissance de travail, esprit d'organisation, tout ce qui manquait au vieux savant.

Avec quelle joie, quel soulagement, Antoinette se déchargea de ses soucis sur Michel ! Enfin, elle allait pouvoir respirer et elle l'aima et l'admira pour lui avoir procuré la paix.

Michel, lui, était heureux, au comble de ses vœux ; riche et puissant, il gérait les biens des Nouzilles avec l'ordre et la méthode qui y manquaient depuis longtemps.

Sa soif de richesse apaisée, son ambition se tourna tout entière du côté des recherches qu'il poursuivait avec son beau-père. Celui-ci étincelait d'idées, d'inventions, d'hypothèses qu'il menait rarement jusqu'au bout. Michel faisait un tri et, patiemment, conduisait les choses valables à leur terme avec la lenteur tenace des terriens.

Ses recherches personnelles dans le domaine de la physique lui avaient déjà valu la considération de ses collègues et il ne désespérait pas de donner un jour son nom à une trouvaille importante.

Grâce à son beau-père, il fréquentait le gratin des savants. Lorsqu'ils recevaient, Michel savait gré à Antoinette de ne jamais manifester d'impatience si les messieurs, absorbés par leurs élucubrations abstraites, oubliaient l'heure.

Tout cela, Antoinette ne le dit pas et Ninie ne demanda rien. Elles auraient pu se comprendre et s'estimer, elles se quittèrent indifférentes, vaguement hostiles.

Désormais leurs relations se bornèrent à un échange de cartes au nouvel an et au faire-part de naissance de Gauthier, mais Ninie ne fut point priée de venir le voir et jamais on ne le lui amena.

Avec Marie-Laure et Fabien, c'était tout différent. Plusieurs fois dans l'année, ils venaient aux Doucettes. Marie-Laure heureuse de se retrouver « chez elle » et Fabien content de « jeter la cravate aux orties », comme il disait.

Le matin et le soir, il donnait un coup de main à Rodolphe et, le tantôt, il allait à la pêche, à droite ou à gauche. Étangs, rivières ou *serves*[1], tout lui était bon. Dès qu'il mettait une ligne à l'eau, le poisson semblait avoir des envies de suicide. Rarement, il revenait les mains vides.

« Mais comment fais-tu ? demandait Marie-Laure, pleine d'admiration.

— Que veux-tu, j'ai ça dans le sang. Si mon père et mon grand-père n'avaient pas su braconner dans les ruisseaux de chez nous, il y a longtemps qu'on serait tous morts de faim. »

1. Mare.

Entre Ninie, Rodolphe et Marie-Laure, il n'y avait jamais d'histoires. Lorsqu'ils n'étaient pas d'accord, ils gueulaient un bon coup et n'y pensaient plus cinq minutes après.

Avec Fabien, ce n'était pas pareil. Il y avait parfois quelques piques, il se choquait d'un rien et Ninie ne comprenait pas que, pour une réflexion toute ordinaire, il se bute sans plus parler pendant des heures.

« Enfin, qu'est-ce qu'il a ton mari à plus desserrer les dents ?

— C'est que peut-être tu lui as dit quelques paroles de trop ?

— J'ai dit, j'ai dit... C'est jamais que la vérité quand je dis qu'on est plus heureux ici que non pas dans son pays de misère.

— C'est sûr. Seulement, c'est chez lui là-bas. Quand on en parle mal, ça lui fait pas plaisir.

— Se *boucquer* pour si peu, c'est bien trop sot ! »

Malgré les bouderies de Fabien et la langue trop agile de Ninie, ils s'estimaient beaucoup et s'aimaient bien, tout en se craignant un peu.

Un jour, au moment des vacances, Fabien et Marie-Laure arrivèrent en auto.

« C'est la vôtre ? demanda Ninie tout étonnée.

— Hé oui.

— Et le permis ? dit Rodolphe, toujours prudent.

— On n'avait rien dit pour vous faire la surprise, mais pendant l'hiver on prenait des leçons. À présent, nous avons notre permis tous les deux.

— Toi aussi, Marie-Laure ?

— Hé bé oui, c'est Fabien qui conduit. Mais, si par cas il était empêché ou malade, je pourrais le remplacer.

— Ça a dû vous coûter bien de l'argent. Au moins vous êtes pas dans les dettes ? demanda Rodolphe.

— Mais non, ne vous mettez donc pas en souci. À deux, nous gagnons gentiment notre vie. On monte en grade tout doucement. Et puis, c'est pas une voiture neuve. Quand on a vu cette bonne occasion, on s'est dit : "Faute de drôle, on va s'acheter une voiture". »

Oui, malgré leur désir, les enfants n'étaient pas venus. Lorsque Marie-Laure reçut la carte de naissance d'une Isabelle chez Michel, elle pleura et se décida à consulter un spécialiste. Après lui avoir fait subir des tas d'examens, les médecins conclurent qu'elle avait la matrice renversée et que ses chances d'avoir un enfant étaient tout à fait improbables. Ça leur fit beaucoup de peine à tous deux. Mais que faire ? Il faut bien supporter ce qu'on ne peut empêcher !

« Si seulement Michel n'était pas comme il est, on aurait au moins des neveux à s'occuper ! » disait Marie-Laure à sa mère, lorsqu'elle venait aux Doucettes, ce qui était fréquent.

Rien ne les retenait dans les petites chambres où ils vivaient chacun de leur côté, auprès de leur travail. Une ou deux fois l'an, ils se rendaient également dans la famille de Fabien, mais la Double était moins loin, surtout maintenant qu'ils n'étaient plus obligés d'attendre la correspondance dans les gares. Avec la voiture, ils pouvaient venir beaucoup plus souvent.

Fabien emmenait volontiers tout son monde aux frairies des alentours, même à la Félibrée lorsque ses vacances tombaient en juillet.

Rodolphe n'aimait guère sortir, mais pour aller à la fête du Périgord, pas besoin de le prier deux fois ! Il prenait tant de plaisir à voir revivre pour un jour les vieux métiers d'autrefois. Il se sentait à son aise au milieu des faucilles *araus*[1] et fléaux. Beaucoup plus qu'avec les tracteurs et les moissonneuses-batteuses.

Ninie ne voyait pas les choses du même œil :

« C'est bien joli tout ça, mais c'est le passé. Faut aller de l'avant si on veut pas se faire manger. »

Comme elle avait de la suite dans les idées, elle en revenait toujours à son projet :

« On peut rien plus faire si on a pas une nouvelle étable. »

Après avoir bien ruminé, un jour, elle dit à Rodolphe :

« Voilà ce que faut faire : tout d'abord écraser le vieux hangar qui tient plus debout. On construira

1. *Charrue.*

l'étable à sa place. Pas besoin de plan ni de permis, personne viendra voir s'il y a deux ou trois mètres de plus ou de moins après qu'avant.

— Tu as raison, mais qui le fera ? Et avec quel argent ?

— Nous et sans argent.

— Tu es folle ou c'est-y que tu rêves ?

— Mais non, tu vas voir. Quand je dis sans argent, il en faudra bien un peu, mais pas tout d'une fois.

— Comment ça ?

— Tu sais ce monsieur qui a une machine à main pour faire les quartiers ?

— Oui, je vois qui.

— Je me suis laissé dire qu'il la prêtait sa machine, à condition qu'on lui donne un quartier sur dix.

— Mais me semble qu'elle est bien lourde à transporter et après paraît que c'est si dur à manœuvrer !

— C'est sûr que c'est pénible quand on fait tout un tas de quartiers de rang, mais pour nous ça sera pas le cas. Voilà comment on va s'entreprendre : chaque fois qu'on ira à la foire vendre des volailles ou autre chose, on tâchera moyen de s'acheter un sac de ciment. Dans la pinière, en haut de la vigne, il y a la gravière. On se fera un tas de sable dans la cour et, dès qu'on aura un moment libre, on brassera le sac de ciment avec une brouette de sable, de l'eau et tout tranquillement on fera nos quartiers. Peut-être quinze jours ou un mois plus tard, on recommencera. Comme ça on ne se crèvera pas. Entre deux fois, on aura le temps de se reposer.

— Ce n'est peut-être pas une mauvaise idée, mais tu te rends compte si ce sera long ?

— Raison de plus pour commencer au plus vite ! »

Deux ans, il leur fallut deux ans pour monter leur étable.

Parfois, Jean-Pierre passait, leur montrait comment faire. Il prit toutes les mesures pour la charpente. Certains bois du hangar purent resservir. Rodolphe coupa quelques chênes de bordure, sur son côté et non chez Jeanne ! Ninie les conduisit à la scierie.

Un dimanche, Jean-Pierre vint avec deux camarades. Les quatre hommes montèrent la charpente pendant que Ninie leur préparait un fameux repas.

Puis, tous deux sur le toit, Rodolphe et Ninie clouèrent le *lattefeuillage* et placèrent les tuiles, des neuves pour les courants et, pour dessus, celles que Rodolphe avait soigneusement triées, brossées et mises de côté lorsqu'il avait défait le vieux hangar.

Un jour enfin, ils plantèrent le bouquet à la cime. Il fallut ensuite cimenter le sol, organiser l'intérieur, puis le moment arriva où les vaches prirent place dans leur nouveau palais.

À présent, Rodolphe curait les bêtes sans peine, et Ninie nageait dans la joie. Maintenant elle trayait à l'aise des vaches propres et ses jupons ne traînaient plus dans le purin.

Ils étaient contents et une heureuse nouvelle vint encore les réjouir : Marie-Laure et Fabien étaient mutés. Après des années d'attente, ils pourraient enfin habiter ensemble. Leurs bureaux de poste étant tous deux dans la banlieue de Bordeaux.

Ils eurent du mal à trouver un logement. Pressés par le temps, ils se contentèrent d'un appartement peu plaisant, se réservant de chercher mieux lorsqu'ils seraient sur place. Ils déménagèrent vite, tellement vite que Marie-Laure, descendant, lourdement chargée, de son quatrième étage, fit une grave chute dans l'escalier. Elle s'en tira avec deux côtes cassées, une jambe fêlée et de nombreuses contusions.

Après un bref séjour à l'hôpital, Fabien l'amena aux Doucettes pour finir de se remettre. On était à la fin du printemps, Marie-Laure avait la jambe dans le plâtre pour un mois, mais cela ne l'empêchait ni de faire la cuisine, ni de marcher un peu avec une béquille.

Ninie songeait qu'entre la convalescence et les vacances sa fille était là pour un bout de temps, ce qui la soulagerait bien à cette saison où tous les travaux arrivent à la fois.

Fabien avait emménagé seul, tant bien que mal et venait passer toutes les fins de semaine avec sa femme. Il était à présent capable de remplacer aussi bien Rodolphe que Ninie pour presque tous les travaux des champs.

Il se trouva là au moment du décavaillonnage des vignes et ça lui donna tout à coup une idée :

« Quel dommage que vous n'ayez pas une décavaillonneuse à gauche ! On aurait pris chacun d'un côté avec le parrain et il n'y aurait pas eu besoin de passer deux fois par rang. En un coup, c'était fait des deux côtés.

— T'as raison, mais faut trouver », dit Rodolphe.

Ninie cria du haut du tracteur :

« J'y avais pas pensé ! Dorénavant, je chercherai dans les petites annonces de "l'Agriculteur de la Dordogne". »

C'était la seule lecture de Ninie. Toutes les semaines, elle jetait un coup d'œil sur les titres et lisait avec beaucoup d'attention les articles qui l'intéressaient. Désormais, elle éplucha les petites annonces avec encore plus de soin qu'avant.

Un jour, un mot lui sauta aux yeux : Troudussac.

Ce nom qu'elle gardait dans sa mémoire depuis si longtemps, voilà qu'elle le voyait écrit tout à coup. Seulement, elle ignorait toujours où ça se trouvait. À vingt kilomètres d'Angoulême, oui, elle le savait, mais de quel côté ?

L'annonce informait qu'il y avait de la paille à vendre. Ça ne l'avançait guère parce que en Charente, on peut acheter de la paille à bien des places.

Alors, Ninie ne dit rien et continua à lire le journal jusqu'au jour où, enfin, elle trouva une décavaillonneuse à vendre, pas très loin, tout à côté de Chalais.

À midi, elle annonça :

« Ça y est, j'ai trouvé ce qu'il nous faut pour la vigne.

— Elle est à gauche, tu es sûre ?

— Oui, oui, c'est marqué sur le journal, mais il n'y aura pas que nous qui en aurons envie, faut faire vite. Si Fabien pouvait m'emmener ce tantôt, ça serait bien. Demain, peut-être elle sera partie.

— Où ça se trouve ?

— Bé justement, je le sais pas, voilà l'ennui.

— C'est bien marqué sur le journal ?

— Oui, mais c'est juste un nom.

— Avec une carte, je peux trouver, sauf si c'est une place trop petite.

— C'est une commune.

— Alors là oui, si vous savez le département on peut repérer facilement.

— C'est à peu près à vingt kilomètres d'Angoulême, mais je sais pas de quel bord.

— Comment ça s'appelle ce bled ?

— C'est Troudussac qu'il y a d'écrit.

— Bon, je regarderai la carte quand on aura fini de manger. »

Une fois bien compris le chemin qu'il fallait prendre, Ninie et Fabien partirent en début d'après-midi.

Contre son habitude, Ninie était silencieuse et tendue. Plus ils approchaient, plus elle regardait autour d'elle avec agitation. Fabien ne put s'empêcher de lui dire :

« Qu'est-ce qui ne va pas, belle-mère ? Vous êtes pas malade au moins ?

— Non point.

— Alors, c'est pour la décavaillonneuse que vous êtes en souci ?

— Y a pas de décavaillonneuse.

— Qu'est-ce que vous dites ? s'exclama Fabien, tellement surpris qu'il manqua rater un virage.

— Écoute-moi, mon drôle, je vas te dire des choses que personne connaît. J'ai confiance en toi, je te conterai tout, mais j'aimerais mieux ne rien dire à chez nous.

— Si vous m'en parlez à moi, pourquoi pas à Marie-Laure ?

— Justement, c'est une vieille histoire, elle a pas besoin de savoir par où j'ai passé. Elle en aurait de la peine, peut-être. Laisse-la donc en paix.

— Je ferai comme vous voudrez, vous pouvez compter sur moi.

— Je le sais, c'est pourquoi je veux que tu m'emmènes à Troudussac, alors que la décavaillonneuse elle est à Saint-Quentin. On ira la voir au retour.

— Bon, hé bien, on en est pas loin de Troudussac, peut-être deux, trois kilomètres…

— Alors, va pas trop vite, ralentis que je puisse voir, c'est par là que je me suis élevée. »

Au bout de quelques instants, Ninie saisit le bras de Fabien :

« Arrête, arrête, c'est là, je me reconnais. »

Fabien rangea la voiture au bord de la route.

« Vois au fond de ce pré, c'est la Font-Glacée.

— Ce petit bâtiment en forme d'obus ?

— Oui, oui, c'est la fontaine, je la reconnais. Derrière, il y a une manière de petit étang où ma mère rinçait le linge.

— Votre mère ? Mais je croyais que vous étiez de l'Assistance ?

— Oui, et j'ai passé en je ne sais combien de mains avant d'être placée ici avec Jacquot.

— Jacquot ?

— Oui, cette femme avait pris en nourrice un bébé, peut-être un peu avant mon arrivée. J'ai tout le temps cru que c'était mon petit frère. Elle l'aimait beaucoup son Jacquot et, moi aussi, elle m'aimait bien. Malgré qu'elle était pas toujours douce, j'ai été heureuse ici avec ma mère et mon petit frère.

— Longtemps ?

— Peut-être deux trois ans, jusqu'au jour du grand malheur.

— Qu'est-ce qui est arrivé ?

— C'est ici, Fabien, là dans ce fond de pré que ça s'est passé. Ma mère rinçait et moi je virounais aux alentours avec Jacquot qui avait trois ans. Tout à coup, j'entends "plouf" du côté de la Font-Glacée et je ne vois plus Jacquot. Je crie "Maman, maman, Jacquot est tombé dans la fontaine !" Alors, elle a couru. L'eau n'était pas bien basse, peut-être un mètre, mais elle a pas pu attraper le petit. Sans hésiter, elle a enjambé la pierre et elle est descendue dans l'eau. D'une main, elle se tenait en haut ; de l'autre, elle cherchait à attraper le Jacquot qu'on voyait plus. Enfin, à force de remuer l'eau, ça a dû le faire remonter. Elle a pu le saisir par un pied et le tirer. Et moi, j'étais sur le bord et je pleurais, je pleurais.

Ma mère a dit : "Au lieu de brailler comme une perdue, aide-moi à le sortir."

Alors j'ai pu attraper un bout de son gilet et j'ai tiré de toutes mes forces. Ma mère poussait d'une main, on y est arrivé, il était là, couché par terre et il ne bougeait plus. Alors, ma mère a voulu sortir, elle a pas pu. Elle avait de l'eau jusqu'à mi-corps, ses jupons flottaient autour d'elle comme un parapluie ouvert, ses mains étaient accrochées à la margelle, mais elle pouvait pas monter. "Va chercher du monde, je me tiens bon."

Tu vois, Fabien, ce petit coteau qui monte où il y a du maïs. Dans le temps c'était de la vigne et j'ai vu un homme qui sulfatait. Alors, j'ai couru et j'ai crié : "Vite, vite, venez, ma maman est tombée dans la Font-Glacée !" Toute ma vie j'aurais cet homme devant mes yeux : le Vermorel a glissé tout seul de son dos et ses jambes semblaient deux grandes lattes qui dévalaient le coteau à toute vitesse. Il a tiré ma mère, et puis, il a pris le petit Jacquot par les pieds, il l'a secoué, et ma mère lui tapait dans le dos, alors, il a toussé et craché de l'eau en pleurant. À ce moment, des voisins sont passés, juste là où nous sommes, avec une charrette à vaches. Ils ont vite couru vers nous. On a déshabillé Jacquot, la femme l'a plié dans son fichu de laine. On a aidé ma mère à marcher et à monter sur la charrette. Il a fallu un moment avant d'être rendu à la maison. Ma mère pouvait plus se tenir, les voisines l'ont mise au lit avec des briques chaudes tout autour. »

Ninie se tut, sa figure ruisselait de larmes.

« Alors ? murmura Fabien la gorge serrée.

— Alors, la fontaine n'avait pas volé son nom. Ma mère prit un sang-glacé. Huit jours après, elle était morte.

Pour la porter en terre, il y avait beaucoup de monde parce que c'était une femme qui était très estimée. On m'avait prêté des vêtements noirs et je donnais la main à Jacquot.

Au retour du cimetière, il est parti devant avec la sœur de ma mère qui habitait à l'autre bout de la commune. Quand on est rentré à la maison, il y avait un monsieur et une dame que je ne connaissais pas.

Pendant que je me rechangeais, ils causaient avec la même Rose en rassemblant mes effets. Puis, la dame à dit : “Allez, viens, Léonie, donne-moi la main. On va aller prendre le train, tu verras comme c’est amusant de rouler en train.”

Alors, j’ai dit : “Et Jacquot ? Il est pas là, il faut attendre que mon petit frère soit rendu.”

Alors, la même Rose m’a embrassée, elle m’a dit que Jacquot allait rester avec la sœur de ma mère. Alors, j’ai dit : “Et moi ? pourquoi je vais pas avec lui ?

— La pauvre Alberta a déjà trois filles, elle peut pas se charger d’une quatrième. Mais un drôle oui, parce que, dans quelques années, son homme aura bien besoin d’un gouyat pour lui aider. Et puis, ce petit Jacquot, il est si mignon, joli comme un amour. Chez Alberta n’ont pas eu le cœur de le laisser partir.”

Alors, j’ai dit :

“Je veux pas m’en aller sans mon petit frère.”

Alors, la mémé Rose m’a cajolée, elle m’a dit qu’il fallait être raisonnable et que sûr, je reviendrais un jour le voir, et c’est vrai, je reviens, mais après plus de cinquante ans. Est-il encore au village ? Faut à présent finir d’arriver à Troudussac et le chercher. »

Ils laissèrent la voiture devant la bascule publique. Une des trois maisons qui l'entouraient faisait épicerie, boulangerie et bar tout à la fois. Ninie et Fabien entrèrent. Au son de la clochette argentine accrochée à la porte, une jeune femme souriante sortit de l'arrière-boutique et s'enquit de ce qu'ils désiraient.

« Nous voudrions deux panachés », dit Fabien.

Lorsqu'ils furent servis, Ninie demanda s'il n'y avait pas au village un homme dans ses âges nommé Jacquot.

« Non, je ne vois pas, mais faut dire que il n'y a que deux ans que je suis arrivée ici. Cet homme a peut-être quitté le pays avant que je vienne là.

— N'y a-t-il pas quelques personnes qui se souviendraient des années 1920-1922 ?

— Je ne peux guère vous renseigner. Ah si ! peut-être vous faudrait aller voir la mémé Rose. »

Ninie se dressa en s'exclamant :

« La mémé Rose ? Elle est encore en vie ?

— Oui, mais c'est vrai qu'elle est la plus vieille du pays. Elle ne se porte pas trop mal, sauf qu'elle est dure d'oreille et perd un peu la mémoire.

— Elle reste toujours au même endroit, à droite après le virage ?

— Oui, mais ça m'étonnerait que vous connaissiez la maison. Elle vit chez sa petite-fille qui a fait construire il y a peu de temps. »

Ninie remercia, ils sortirent et tout en marchant Fabien demanda :

« C'est qui la mémé Rose ?

— C'était la plus proche voisine de ma mère. Tout le village la nommait la mémé Rose, une bonne personne tout à fait. Je t'en ai parlé tout à l'heure. Elle aimait beaucoup les drôles. À chaque fois qu'un gouyassou passait devant sa porte, elle lui disait : “Entre, petit, la mémé Rose te donnera du pain avec des confitures. Auparavant viens te laver le bout du nez, tu es tout barbouillou”.

— Elle était très âgée ?

— Pour nous, les petits, elle semblait vieille, pourtant, à bien y réfléchir, elle devait guère avoir plus de quarante ans. Sa fille et son gendre avaient une drôlesse dans mes âges… »

Tout en parlant, ils arrivèrent devant une maison neuve. Une jeune fille étendait du linge dans le jardin.

« Bonjour, mademoiselle, c'est bien ici que reste la mémé Rose ?

— Mais oui.

— Est-ce que je pourrais la voir ? Lui demander un renseignement ?

— La voir oui, mais pour ce qui est de vous renseigner, elle dort en ce moment. Alors, si je peux le faire à sa place…

— Ah ! c'est que c'est des affaires qui ne datent pas d'hier ! Je cherche un homme appelé

Jacquot, né vers 1918. Dans le moment, votre grand-mère le connaissait bien. »

La jeune fille se mit à rire :

« Non, je ne suis pas si vieille que ça : la mémé Rose, c'est pas ma grand-mère. C'est la grand-mère de ma grand-mère.

— La... »

Ninie en resta la bouche ouverte.

« Hé oui, la mémé Rose a quatre-vingt-dix ans passés. Sa fille, la Germaine, est décédée depuis longtemps. Elle aurait dans les soixante-dix, soixante-quinze ans et ma grand-mère...

— Je sais, interrompit Ninie, votre grand-mère, la Simone est née aux alentours de 1915.

— C'est bien à peu près ça. Ma mère, Suzanne, n'a pas quarante ans. Moi, c'est Corinne et j'ai juste seize ans.

— C'est vous qui vous occupez de la mémé Rose ?

— Oh non ! Moi je suis de Bordeaux et je vais encore à l'école. C'est ma tante qui habite ici. Son mari vient de se faire opérer de l'appendicite, alors aujourd'hui, elle est partie le voir à l'hôpital et comme je suis en vacances, c'est moi qui garde la mémé Rose jusqu'à ce soir, mais rentrez donc, peut-être qu'à présent elle est éveillée. »

Ils s'essuyèrent les pieds sur le tapis-brosse, entrèrent dans le corridor, frottèrent de nouveau leurs semelles à un second paillasson placé devant la porte de droite et pénétrèrent dans une cuisine où on aurait pu manger par terre.

Dans un fauteuil, une vieille était assise, toute ratatinée.

Ninie la regardait avec stupeur. Quoi ! la mémé Rose, cette grande et forte femme dont elle gardait le souvenir, c'était ce petit tas d'os ? Non, impossible, il s'agissait sûrement d'une autre personne.

Comme elle allait parler, la vieille ouvrit les yeux. Ses joues, roses et ridées comme de vieilles pommes, remontèrent, tandis que la bouche édentée s'entrouvrait dans un sourire. L'espace d'un éclair, Ninie retrouva la malice des yeux, la bonté du sourire. Oui, c'était bien elle. Mais, mon Dieu, ce qu'on peut devenir tout de même ! Que nous sommes peu de chose sur cette terre !

Corinne se pencha à l'oreille de l'aïeule :

« Mémé Rose, voici une dame qui voudrait vous demander quelque chose. Vous m'entendez ? »

Sur un signe affirmatif, Ninie s'approcha à son tour et tenta d'expliquer son histoire.

« Je suis la Ninie, vous vous souvenez de moi ? Je restais juste à côté de chez vous. Vous vous rappelez ? »

La vieille faisait oui de la tête et du bout des lèvres, mais on voyait bien qu'elle ne comprenait rien. Alors, Ninie s'approcha plus près et lui cria dans l'oreille :

« La Joséphine, elle était tombée dans l'eau. »

Une lueur de compréhension parut sur la figure inerte. La vieille leva les mains et dit :

« Dans la Font-Glacée, oui. Ah ! C'était un grand malheur.

— Mais oui, c'était dans la Font-Glacée ! Voyez, voyez, elle se souvient », s'écria Ninie tout excitée.

La jeune fille dit :

« Faut pas croire qu'elle déraisonne, non, du tout, mais c'est qu'elle n'entend plus rien. Alors, elle fait tant d'efforts pour comprendre que ça l'épuise. Au bout d'un moment, elle s'endort de nouveau. »

Ninie essaya de se faire reconnaître :

« La Joséphine, elle gardait deux drôles. Vous vous rappelez pas de la Ninie ? C'est moi la Ninie. Vous m'en avez-t-y donné souvent du pain avec du raisiné. On allait avec vous chercher les raisins oubliés dans les vignes, vous faisiez cuire le jus avec des quartiers de pomme, quelques carottes, des petits poirons d'un arbre moitié sauvage, parfois même de la citrouille, et puis quelques morceaux de sucre et un bâton de vanille. Et nous, les drôles, on le trouvait si bon. Vous en souvenez-vous, mémé Rose ? »

Celle-ci eut un geste de lassitude et murmura :

« C'est si loin tout ça.

— Et le Jacquot, vous savez, le petit Jacquot ?

— Je sais plus.

— Si, si, c'était un beau petit. C'est l'Alberta qui l'a pris quand la Joséphine s'en est allée.

— Ah ! oui, joli comme une fille, avec ses grands cheveux.

— Vous voyez bien que vous savez. Et où est-il à présent ?

— Je sais pas…

— Essayez de vous souvenir, je voudrais tant le retrouver. C'était mon petit frère. Il est pas loin peut-être.

— Je suis trop vieille, je ne sais plus…

— Est-il au pays ?

— Me semble oui.

— Alors, dites-moi ? Je peux le voir ? »

Mais la mémé Rose avait refermé les yeux et paraissait somnoler de nouveau. Corinne dit :

« Ça la fatigue de trop, faut la laisser. La voilà repartie à dormir. »

Ninie cria une dernière fois dans l'oreille de la vieille :

« Où est-il ? Où je peux trouver le Jacquot ? »

Mémé Rose souleva à demi les paupières. Ninie, penchée sur elle, l'entendit murmurer : « Devant l'église » puis elle referma les yeux, ouvrit la bouche et se mit à ronfler.

Ninie et Fabien prirent congé et s'en allèrent vers le clocher. Devant l'église, ils s'arrêtèrent perplexes : à part l'école, la mairie et la salle des fêtes toute neuve, piquée au milieu d'un pré, il n'y avait rien que deux vieilles baraques qui semblaient inhabitées.

« Attendez-moi là, dit Fabien, je vais voir si je trouve quelqu'un pour me renseigner. »

Ninie s'assit sur la marche qui entourait le monument aux morts. Machinalement, ses yeux tombèrent sur les colonnes de noms gravés dans la pierre et tout à coup un éclair lui traversa l'esprit :

« C'est sûr, la mémé Rose avait raison. Il était bien devant l'église le Jacquot, mais pas dans une maison. Son nom devait être marqué sur le monument. Sans doute qu'il était mort à la guerre. »

Ninie laissa de côté la liste de 14-18 et parcourut les autres. Elle trouva bien deux Jacques, mais l'un était né en 1928 et l'autre en 1930, donc ça ne pouvait pas être lui. Alors ?

Fabien revint sur ces entrefaites. Ninie lui expliqua l'affaire. Il pensa que c'était sûrement la vérité et que peut-être elle avait mal lu.

« Pourtant, j'ai bien vu tous les Jacques. »

Fabien regarda rapidement et dit :

« Je ne trouve rien de plus que vous, cependant, la solution doit être là. Reprenons tout de bout en bout. »

Soudain, Fabien poussa une exclamation :

« Aurélien, ça vous dit quelque chose ?

— Non, pourquoi ?

— Regardez donc à cette ligne. Il y a là un Aurélien Jacquot, ça pourrait bien être celui que vous cherchez. »

Oui, la date correspondait et, tout à coup, Ninie comprit : le plus souvent, les enfants de l'Assistance étaient nommés par leur nom de famille, alors Jacquot, personne avait pensé que c'était son grand nom. La nourrice le savait peut-être, mais Ninie ne se souvenait pas de l'avoir jamais entendu dire : "Aurélien". Il est vrai que Jacquot, ça faisait plus mignon.

Ainsi, Jacquot était mort. Jamais plus, elle ne le reverrait. Inutile à présent de rechercher le petit frère, c'était fini. Silencieux, ils retournèrent à la voiture et prirent le chemin du retour.

Au bout d'un moment, Fabien demanda :

« Quand vous avez quitté Troudussac avec ce monsieur et cette dame, où vous ont-ils emmenée ?

— À Paris. Je suis arrivée dans la nuit ; mais ce n'était probablement pas la première fois que je venais dans cette place. Sûrement, j'avais déjà vu le corridor dallé et le dortoir avec ses quarante lits.

— Vous les avez comptés ?

— Pas ce jour-là bien entendu. Je savais pas encore compter si loin, mais plus tard.

— Vous êtes donc restée longtemps ?

— Pas du tout, mais j'y suis retournée si souvent que j'ai fini par comprendre comment marchait tout ce grand bazar.

— Quel grand bazar ?

— Eh bien l'Assistance publique à Paris, rue Denfert-Rochereau. C'est de là que je sors. Où je suis née, j'en sais rien, mais mon dépôt, c'était Paris.

— Alors, comment êtes-vous arrivée ici ?

— Parce que rue Denfert, c'est le dépôt. On n'avait pas le droit d'y rester plus de quinze jours d'affilée. Après, à défaut d'être placé de nouveau, on était confié au dépôt d'Abbeville. Je sais pas comment c'était, j'y suis jamais allée, mais par hasard, à Paris, je connaissais la maison de A à Z !

— En quinze jours ?

— En souventes fois quinze jours, oui.

— Comment ça s'est fait ?

— Je vas te dire mon drôle : j'avais rien d'autre dans l'idée que retrouver mon petit frère. Environ une douzaine de jours après mon arrivée au dépôt, j'ai été de nouveau placée en Charente, mais peut-être à l'autre bout du département. Bien sûr, je ne me suis pas reconnue, j'étais complètement perdue. Je ne savais qu'une chose : il y avait vingt kilomètres de Troudussac à Angoulême. Alors, quand j'étais placée depuis un petit moment, mine de rien, je demandais de quel côté se trouvait Angoulême et un jour où les patrons n'étaient pas là, j'attrapais la route, et me voilà partie.

— Toute seule, vous ne pouviez pas aller loin.

— Eh non, on me rattrapait vite, surtout que les routes virounaient beaucoup, alors j'avais bientôt perdu la direction. Soit les patrons, soit les gendarmes, on m'a toujours trouvée, mais quand même, je les ai bien fait courir ! Parfois, j'ai tenu trois jours à coucher dans les paillers et marauder dans les terres.

— Ils vous ramenaient dans votre place ?

— Non, les messieurs de l'Assistance étaient prévenus, je retournais au dépôt. On me trouvait une autre place et ça recommençait.

— Longtemps comme ça ?

— Oui, mais il y a eu quand même quelque chose de bon.

— Quoi donc ?

— La vie au dépôt n'était pas drôle du tout. Beaucoup de filles étaient des pauvres malheureuses, capables de rien, pas même de bien s'apprendre à lire. Pourtant, l'institutrice était la seule personne un peu proche de nous autres. Elle s'intéressait vraiment et faisait ce qu'elle pouvait. Quand elle a vu que je revenais souvent et que je n'étais pas trop sotte, elle m'a fait un programme presque pour moi toute seule. Faut te dire que dans mes places j'aurais dû aller à l'école, mais on ne m'y envoyait guère plus de quatre jours par mois en hiver et pas du tout en été. Si je ne suis pas tout à fait bête, c'est bien à cette demoiselle que je le dois. Quand elle me voyait arriver, elle me disait : "Te voilà encore de retour, petite. Tu t'es échappée une fois de plus. Bon, hé bien, voyons, où en étions-nous restées à ton dernier passage ?"

Moi, j'étais contente de la revoir et j'essayais d'apprendre le mieux possible parce que c'était la seule personne qui s'intéressait un peu à moi.

— Mais, dans toutes vos places, il n'y avait pas que des gens mauvais ?

— Peut-être, mais moi, je n'avais toujours qu'une idée : chercher mon frère.

— Ça a duré longtemps ?

— Petit à petit, j'ai compris que je le retrouverais pas, mais le pli était pris. Dès que quelque chose me faisait pas plaisir, je m'échappais. Et puis, à partir de douze ans, dans certaines maisons, me fallait me défendre contre les commis et parfois aussi contre le patron. Avec une fille de l'Assistance, ils pensaient qu'il n'y avait pas besoin de se gêner, alors je me sauvais sans rien dire. C'est ce que j'avais fait juste avant de venir aux Doucettes.

— Et jamais vous avez eu envie de quitter chez Roussion ?

— Oh ! si, plusieurs fois. Pour une réprimande ou un travail qui ne me plaisait pas, je prenais la route. Mais, au premier virage, je me rentournais.

— Pourquoi ?

— Je pouvais pas faire ça, ils avaient trop besoin de moi. »

Ils s'arrêtèrent à Saint-Quentin, firent affaire et ramenèrent la décavaillonneuse à la satisfaction générale. Ni l'un ni l'autre ne soufflèrent mot de leur randonnée.

Pour Ninie, une page était tournée, c'était fini, jamais plus elle ne parlerait de son petit frère.

Bientôt, d'autres soucis vinrent occuper son esprit : Marie-Laure était malade. Ses côtes débandées ne la gênaient pas, sa jambe la portait bien, elle n'avait plus de béquille et boitait à peine. Cependant, elle se sentait sans forces, pâle, les yeux cernés, sans appétit et voilà qu'elle avait beaucoup maigri.

Au bout d'une couple de mois, Fabien prit peur. Maire-Laure ne pourrait jamais reprendre son travail dans cet état. Il l'emmena consulter le docteur.

Celui-ci dit qu'à première vue, il ne trouvait rien d'anormal. Cependant, il l'envoya à un spécialiste de Bordeaux qui préconisa pour la semaine suivante trois jours d'hôpital afin de faire faire des examens et des analyses plus complètes.

Ninie les regarda partir le cœur serré. Que pouvait donc avoir sa fille ? Elle, toujours gaie et bien portante, quelle maladie la rendait si rien ?

Les noms de toutes sortes de maux affreux lui tournaient dans la tête, et Rodolphe non plus, n'était pas fier. Aussi, quelle ne fut pas leur stupeur, trois jours plus tard en voyant descendre de voiture deux êtres rayonnants de joie.

« Tout va bien », cria Fabien.

Et Marie-Laure ajouta :

« Il nous arrive une chose extraordinaire ! Si vous saviez ! »

Ils s'expliquèrent : la chute que Marie-Laure avait faite dans l'escalier ne lui avait pas seulement cassé les os. Sa matrice renversée s'était remise en place et ses malaises étaient dus tout simplement au fait qu'elle était enceinte.

« Et moi qui avait si peur que ce soit un cancer ! » s'écria Ninie soulagée.

Rodolphe ajouta sentencieusement :

« C'en est un : c'est ce qu'on appelle un cancer à pattes ! »

Au bout de quelques semaines, Marie-Laure reprit son appétit. La joie lui donnait des forces, bientôt, elle repartit en ville et put à nouveau travailler jusqu'à la naissance d'une petite Josiane.

Lorsque Marie-Laure quitta la maternité, elle vint passer quelque temps aux Doucettes, et Ninie eut une idée :

« Tu sais Rodolphe, on devrait continuer à faire des quartiers.

— C'est-y que tu veux t'en mettre marchande ?

— Ah ! bé non par hasard ! C'est bien trop pénible à presser.

— Alors ? Qu'en veux-tu faire ?

— Voilà à quoi je songe : le moment arrivera où Raymond viendra rester aux Doucettes avec son monde. La maison n'est pas tellement conséquente. Au lieu d'être tous au pilot, si on construisait une petite baraque de l'autre côté de la cour ? Eux autres garderaient la grande bâtisse et nous deux on se retirerait là.

— Peut-être bien.

— Tu comprends, on pourrait se garder la Josiane, avec nous autres deux, pour la changer d'air de temps en temps. La ville, c'est pas sain pour les petits. Fabien dit toujours qu'il s'achètera une caravane pour les vacances, mais c'est pas fait. La drôlesse serait plus au chaud sous un toit et ça gênerait personne. Qu'en dis-tu ?

— Chez Raymond sont pas encore rendus.

— Non, bien sûr, mais une construction, même petite, avec le travail qu'on a par ailleurs, ça montera pas en un jour. Faudrait de suite continuer les quartiers.

— Fais donc à ton idée. »

Et, tout doucement, à leurs moments perdus, Rodolphe et Ninie allaient chercher de la grave, éventraient un sac de ciment d'un coup de pelle, brassaient le mortier et pressaient les quartiers qui recommençaient à s'amonceler dans la cour.

Chez Marie-Laure et Fabien, tout allait bien. Il y avait eu un drôle, un an après la fille.

Josiane était mignonne, mais pour Ninie, rien n'existait que David, et le gouyat lui rendait bien son affection. À deux ans, il la suivait partout. Lorsqu'elle ramassait les œufs, il cramponnait le panier :

« Mémé, donne, moi porte », disait-il.

Et la mémé, courbée en deux, lui laissait croire qu'il soulevait seul le panier.

« Il te fera venir chèvre, disait Marie-Laure en riant.

— Que veux-tu ? Celui-là, c'est bien mon petit-fils.

— Et Josiane alors, elle est pas mignonne ?

— Si bien sûr, mais…

— Mais quoi ? C'est pas ta petite-fille ?

— Bé justement, c'est une petite fille, ça chigne, ça fait des manières, ça a toujours peur de se faire du mal. David, lui, il peut tomber, jamais il pleure. Il est toujours prêt à suivre sans se plaindre, jamais fatigué, toujours le sourire. Alors, que veux-tu, ce drôle, moi il me plaît.

— Faut croire que tu lui plais aussi. Quand on est au loin, il fait que parler de sa mémé. »

Et c'était le grand amour entre Ninie et David. Il pleurait pour la quitter et Ninie avait presque la larme à l'œil. Elle disait à sa fille :

« Tu sais pas, Marie-Laure. Dès qu'il sera un peu plus grand, tu le mettras au train à Bordeaux et moi je m'arrangerai pour aller le chercher à Saint-Aigulin, vu qu'il n'y a pas de changement. Comme ça il pourrait venir à toutes les petites vacances. »

Et Marie-Laure riait :

« Tu te trouves pas assez de travail ? Attends au moins qu'il suive sur ses jambes et pas à ton cou. »

Les fondations du cabanon étaient sorties de terre et les murs commençaient à monter lorsque deux événements qu'on n'attendait plus arrivèrent à la fois. Les parents de Nadine firent leurs partages et Germain mourut.

Depuis les temps qu'il était paralysé, on le croyait éternel, mais son calvaire prit fin et Jeanne se trouva libre.

Raymond, à la retraite depuis déjà un petit moment, était resté au loin pour que les plus âgés de ses enfants ne changent pas d'école à la fin de leurs études. Puis, la tante l'avait réclamé près d'elle. Ils s'étaient donc installés dans le Midi, mais à présent, le fils aîné faisait une grande école à Paris. La seconde, mariée toute jeune avec un ingénieur, venait de partir rejoindre son mari en Afrique. La troisième avait la bougeotte et faisait des stages linguistiques dans tous les pays du monde. Le dernier, âgé seulement de douze ans, souffrait des suites d'un genre de méningite attrapée dans sa petite enfance, il ne pouvait pas étudier comme les autres et les médecins conseillaient la vie à la campagne. Ses parents avaient donc dit :

« Puisque Christian ne peut rien faire d'autre, c'est lui qui prendra les Doucettes. »

À soixante-dix ans, maigre et nerveuse, Jeanne, solide comme un roc, ne demandait qu'à commencer une nouvelle vie. Chose curieuse, elle et Nadine, l'une et l'autre de caractère difficile, s'entendaient cependant admirablement.

Elles décidèrent que c'était le moment de s'installer aux Doucettes. Raymond, bonne pâte, y consentit volontiers. Du reste, on ne lui demandait pas son avis.

Il écrivit donc à son père que, Nadine étant obligée d'aller chez ses parents, ils profiteraient de l'occasion pour venir un de ces jours avec la tante, préparer leur installation définitive aux Doucettes.

Il était passé embrasser son père lors de son retour en France, mais comme un éclair, et seulement de nuit, aussi n'avait-il rien vu des changements survenus depuis quelques années.

Lorsque l'auto tourna dans la cour, Rodolphe et Ninie venaient de manger à la va-vite et sortaient de la maison pour finir un travail pressant avant la pluie.

La cuisine était tout en désordre, la vaisselle sale, juste rassemblée sur l'évier, la place pas balayée. Ça finit de mettre Jeanne de mauvaise humeur.

Déjà, dans la cour, ce qu'elle avait vu commençait à lui tourner les sangs. Depuis plus de dix ans qu'elle n'avait pas mis le pied aux Doucettes, tout semblait changé. Où était le lilas qui faisait l'angle du jardin ? Et la vigne le long du hangar ? Et la grande palisse ? qu'était-elle devenue ? Qu'est-ce que c'était que ces nouvelles constructions de bric et de broc ? La cour était bien indivise sans doute ? Qui lui avait demandé son avis pour mettre le désordre partout ?

Nadine n'ayant pu venir, Jeanne se sentait seule en face des trois autres. Elle croyait les sentir faire bloc contre elle. Rongeant son frein, elle était prête à exploser au moindre prétexte. Cela ne tarda pas.

Raymond expliquait à son père comment ses femmes pensaient arranger la maison : une nouvelle cuisine en appentis, le sanitaire de l'autre côté, peut-être une chambre ou deux au-dessus, etc.

« Ça va faire bien du changement, dit Rodolphe.

— C'est sûr. Et pour les terres aussi on va moderniser, on veut transformer tout le train de culture.

— Va falloir gros d'argent.

— Oh ! nous ne sommes pas en peine. Nadine va toucher sa part, puisque son frère la lui reprend, mais ça ne sera pas assez. Alors, on fera un emprunt pour que tout soit vite en ordre. »

Rodolphe sentit son cœur se tordre. Le moment était venu, il allait falloir parler, mais les mots lui arrachaient la gorge en passant et sa tête pendait sur sa poitrine :

« Puisque personne veut en ouvrir la bouche, faut bien que je le dise : nous avons un emprunt de cinq cent mille francs au Crédit Agricole. »

Ah ! qu'avait-il dit là le malheureux !

La Jeanne se mit à faire des bonds de même autour de la table. Tout juste si elle pouvait parler, tellement la fureur l'étranglait :

« Emprunter ! Emprunter sur le bien de ma pauvre sœur ? Jamais possible, vous avez perdu l'esprit. Tu entends, Raymond ? Ils ont osé te faire ça à toi !

— Mais, dit Raymond, conciliant, j'avais dit à mon père d'agir à sa guise. Je suis sûr qu'il a fait pour le mieux. »

Ninie eut le tort d'ajouter :

« Si on n'avait pas eu ça, jamais on n'aurait pu s'en sortir. »

La fureur de Jeanne ne connut plus de bornes. Enfin, elle pouvait se débonder à l'aise, puisqu'elle n'avait plus Laurence à ménager.

Les paroles qui sortaient de sa bouche en sifflant se bousculaient au passage, à croire que sa *goule* n'était pas assez large pour les laisser passer.

« Vous, la négresse, taisez-vous. Ah ! vous n'auriez pas pu vous en sortir ! Et mes parents alors, comment ont-ils fait ? Ils ont jamais emprunté. Jamais ils ont dû un sou à personne, mais ils travaillaient, eux. C'étaient pas des feignants ! Ils avaient pas des mobylettes pour courir les routes comme vous autres ! »

Raymond essaya de s'interposer :

« Mais, tante, mon père…

— Qui te parle de ton père ? Ce pauvre imbécile, il a seulement jamais compris qu'il se faisait plumer par cette putain et ses bâtards ! »

Ninie qui sentait la moutarde lui monter au nez riposta vertement :

« Si quelqu'un s'est fait plumer ici, c'est moi. Depuis tant d'années que je me crève la peau pour vous autres. C'est tout le merci que j'en ai ? Voulez-vous me dire ce que j'ai trouvé en arrivant aux Doucettes ? Pas un pot de graisse, pas un morceau de linge propre, plus de jardin, du bétail qui tenait pas debout. La volaille ? On n'en parlait plus, les lapins c'était tout crevé ! Et, *au prix*[1], regardez maintenant, les belles vaches, les terres en état, tout pour se servir, aussi bien dedans que dehors.

— Et cinq cent mille francs de dettes ! Mais où sont-ils passés ces cinq cent mille francs ? Ça serait pas dans votre poche par hasard. Depuis les temps que vous êtes là à trafiquer, vous avez dû en mettre des sous de côté ! Vous avez fait la patronne assez longtemps, c'est fini ma belle. Va vous falloir foutre le camp et en vitesse !

— Mais…, dit Rodolphe.

---

1. En comparaison.

— Vous, taisez-vous, vieil âne, c'est pas chez vous ici !

— Mais..., dit Raymond.

— Toi, je n'ai qu'un mot à te dire : ce sera elle ou moi. Ta pauvre mère en a bien supporté, elle était trop bonne.

— Mille fois meilleure que vous, s'écria Ninie furieuse. Vous voulez que je vous dise ce que vous êtes ? Une vieille emmerdeuse, voilà ce que vous êtes, et votre mari...

— Je te défends de parler de mon mari.

— Votre mari, vous lui avez empoisonné sa vie !

— Fille de rien !

— Vieille carne !

— Traînée, putain !

— Sale outil !

— Enfant trouvé !

— Vieux wagon !

— Retourne à l'hospice !

— Crève donc ! »

Et beaucoup d'autres amabilités encore bien plus salées.

Les voyant se rapprocher, presque *barbe à barbe*[1] les deux hommes s'interposèrent. Ninie, de suite, recula, mais ils eurent du mal à persuader Jeanne qu'il était temps de s'en retourner vers Nadine.

---

1. Nez à nez.

Un peu calmée, elle fit encore quelques explications devant la portière, avant de monter en voiture.

Rodolphe rentra à pas lents, le dos rond, la tête basse et les bras ballants. Il semblait avoir pris dix ans en quelques minutes.

« Qu'ont-ils dit ? demanda Ninie.

— Dans huit jours, la Jeanne viendra rester ici et faut que tu soyes loin.

— Et si tu dis non ?

— Elle me mettra à l'hospice.

— Ton fils, qu'en dit-il ?

— Que veux-tu qu'il en dise ? Tu sais bien qu'il est pas patron. »

Ninie regarda Rodolphe : elle vit un vieil homme tremblant d'épouvante à l'idée de quitter cette terre qui était toute sa vie. L'emmener ailleurs, c'était le tuer, à coup sûr.

Alors elle dit :

« Demain, j'irai en par là tâcher moyen de me trouver une chambre. »

VI

Le temps des misères

HUIT JOURS, ça tourne court. La chambre que Ninie trouva n'était pas le rêve, mais avoir un toit sur la tête passait avant tout.

Elle prit le tracteur et la remorque. Rodolphe, triste et inquiet, lui donna la main pour charger les trois meubles des Tourneboule pleins de foin et de poussière, depuis des années qu'ils traînaient sur le chabanot des vaches.

Parmi les affaires que Marie-Laure avait payées, Ninie choisit quelques morceaux : trois draps, une couple d'assiettes, un verre à moutarde, une poêle et une petite casserole. Elle plia le tout dans une paire de serviettes et trois torchons, vérifia que son couteau était dans sa poche et s'en alla.

Le soir, elle ramena la remorque, mais repartit avec le tracteur. Il était à son nom, assurance et tout, donc c'était le sien. La Jeanne gueulerait tant qu'elle voudrait, elle le rendrait pas.

Elle laissa le carnet de chèques en expliquant à Rodolphe que l'argent du compte c'était pour faire l'avance aux cultures et qu'il ne fallait pas y toucher pour autre chose.

Mais elle prit la moitié de la somme qui se trouvait à la maison : dix-sept mille anciens francs pour elle, dix-sept mille anciens francs pour Rodolphe. Ça lui permettrait de vivre quelques jours en attendant de s'orienter du mieux possible.

La chambre qu'elle avait louée était sombre et pas très grande. Elle se trouvait à peu de distance de Saint-Martin, mais à l'extrémité de la commune de Saint-Michel dont Jean-Pierre était devenu maire.

Galabru ne restait pas très loin, il vint l'aider à monter le lit qu'ils placèrent le long du mur de droite.

À gauche de la porte, était un petit évier en ciment. Sur la margelle, Ninie posa ses premiers achats : un seau à eau surmonté d'une cassette. Une haute cheminée, complètement noircie, occupait le centre du mur de gauche. Elle fumait abominablement dès que la porte était fermée. La plupart du temps, elle restait ouverte pour donner du jour, le petit fenestrou au-dessus de l'évier n'en laissant guère passer vu sa taille.

Pourtant, lorsqu'il faisait vraiment froid ou quand le vent venait de ce côté, il fallait tout de même fermer un peu la porte, mais jamais complètement de peur de s'étouffer dans la fumée.

Ninie installa vite une caisse entre l'évier et le foyer pour tenir au chaud toutes sortes de petites bêtes.

À présent, ce n'était plus guère la mode de faire couver. Entre les œufs *clabos*[1], les poules *couasses*[2] qui laissent leurs nids et les poussins qui crèvent au naissant, on avait meilleur temps de les acheter à quelques jours. Il y en avait maintenant sur les foires, soit tout petits, soit déjà bien débrouillés.

Ninie s'en tint toujours à deux ou trois grouées d'âges différents.

Dès qu'une dizaine était venue, elle les vendait, mettait les suivants à engraisser et en achetait des petits qu'elle tenait au chaud dans la caisse jusqu'à ce qu'ils soient un peu plumés.

Mais ce qui la gênait tant, c'est qu'elle avait si peu d'*aisine*. La porte de la chambre ouvrait quasiment au ras de la route. Le long du mur de droite, un petit passage menait à la cour. Celle-ci était

---

1. Clairs, non fécondés.

2. Couveuses.

garnie d'un côté par l'appentis pour mettre le bois et de l'autre par une rangée de toits à lapins dont le dessous servait d'abri à la volaille qui n'avait, dans la journée, qu'une vingtaine de mètres carrés pour s'ébattre.

Et Ninie songeait :

« Si seulement j'avais de la place, je pourrais me tenir toutes sortes de bestioles. Sûrement des canards, j'ai la main pour, et aussi des pintades. Une supposition que ça soye assez grand, pourquoi je n'aurais pas des dindons, peut-être même des oies ? En les vendant grasses, ça m'aiderait à vivre. Bien sûr il faut acheter le maïs, mais me semble que je m'y retrouverais quand même. »

Tout en cherchant un autre logement, Ninie travaillait de son mieux.

Elle avait été trouver les propriétaires chez qui Rodolphe et elle faisaient du bois tous les ans :

« Si vous voulez, je pourrais continuer à éclaircir vos taillis ? »

Les uns dirent non, les autres oui, mais c'était du travail à entreprendre seulement en hiver et l'argent n'arriverait qu'à la fin de l'été d'après, lorsque les acheteurs feraient rentrer leur bois sec avant les froids.

En attendant, il fallait manger tous les jours et Ninie essaya de s'attraper sur les lapins. La maladie était encore à craindre, malgré les piqûres qui coûtaient et ne faisaient pas toujours effet.

Finalement, ce furent les lapins qui lui firent trouver de l'ouvrage. En passant dans les faubourgs de Saint-Martin, Ninie remarqua un carré de carottes envahies par des laiterons. Presque de jour en jour, elle voyait les légumes disparaître sous les mauvaises herbes.

Alors, une belle fois, elle arrêta son pétarou et frappa à la porte. Une dame qu'elle connaissait un peu lui ouvrit.

« Bonjour, madame Valerte, je voudrais vous demander quelque chose.

— Hé bé, si je peux vous rendre service, ce sera avec plaisir.

— Est-ce que vous me donneriez vos laiterons pour mes lapins ? Je vois qu'ils sont à même d'étouffer toutes les carottes.

— Hélas ! vous avez donc bien raison, voilà que je ne suis plus rien. Le mal de reins m'interdit de me baisser et la mauvaise herbe gagne partout. Plus vous en sortirez, mieux ça vaudra. Depuis une couple d'années que mon pauvre mari est en terre, je n'en viens plus à bout du jardin. Bêcher m'est défendu. Mon fils en fait bien quelques morceaux lorsqu'il vient me voir, mais quand il débauche de son travail, il est fatigué lui aussi. »

Sans le savoir, Ninie était tombée sur un filon. Beaucoup des petites maisons qui entourent Saint-Martin sont habitées par des retraités qui entretiennent soigneusement leurs jardins. Seulement, les années passent et vient un moment où certains travaux deviennent trop pénibles pour des personnes âgées. Il faut se faire aider, mais par qui ? Chacun a sa situation et ne peut disposer de son temps pour un travail irrégulier.

En voyant Ninie dans le jardin de Mme Valerte, des idées vinrent aux voisins, certains l'interpellèrent :

« Et adieu, Ninie. Dites, quand vous aurez fini chez ma voisine, vous pourriez pas venir chez moi me donner un petit coup de main ? En payant, bien entendu.

— Et pourquoi non ? Ça sera avec plaisir. »

C'est ainsi que Ninie trouva un peu de travail. Trois personnes la prirent régulièrement, chacune deux heures par semaine. D'autres ne la demandaient que quand elles en avaient vraiment besoin.

Ça ne suffisait pas pour les assurances qui étaient maintenant d'une autre sorte et fort chères.

Ninie aurait voulu trouver une terre à travailler à moitié, afin de faire venir un peu quelque chose pour elle et ses volailles.

Son petit tracteur marchait bien. Ninie s'en servait parfois dans les jardins suffisamment vastes. Elle détournait la terre avec une petite charrue que lui avait prêtée Jean-Pierre.

Celui-ci était resté en bons termes avec son parrain, sachant bien que le pauvre homme n'était pour rien dans le départ de celle qui avait tellement travaillé pour les Doucettes. Mais, tant qu'il le pouvait, Jean-Pierre rendait service à Ninie. Il l'avait aidée à monter un petit abri pour son tracteur avec des lattes de châtaignier recouvertes de brandes.

De temps en temps, lorsqu'il passait par là, Jean-Pierre s'arrêtait volontiers un moment pour causer, car il avait beaucoup d'amitié pour Ninie. Il n'osait lui parler des Doucettes, de peur de lui faire de la peine. Mais, au bout de quelques mois, la blessure devint moins brûlante et puis Ninie n'était pas de celles qui regardent en arrière. Un jour, elle lui demanda :

« Qu'est-ce qu'ils font là-bas ? Comment ça marche ?

— Vu comme ils s'entreprennent, ils doivent pas gagner gros.

— Qu'est-ce qu'ils ont inventé ?

— Tout d'abord, comme sûrement vous le savez, ils ont arraché toute cette belle vigne que vous aviez plantée.

— Si c'est pas dommage ! Juste comme elle donnait à plein !

— Que voulez-vous, ils veulent faire le lait. Déjà, ils ont semé beaucoup de prairie. Elle est ma foi bien venue.

— Il leur faudra acheter d'autres vaches ?

— C'est sûr, ils disent qu'ils veulent du lait en quantité.

— Le dire c'est bientôt dit, mais le faire, c'est autre chose. »

Quelque temps plus tard, ce fut Galabru qui la renseigna :

« Tu sais pas, ils sont à même de faire monter une grande étable aux Doucettes. Tout ce qu'il y a de plus moderne, avec nettoyage automatique, salle de traite d'un bout, salle d'accouchement de l'autre bord.

— Salle d'accouchement ?

— Bé oui quoi, une place pour faire vêler les vaches.

— Dis donc, ça doit coûter bonbon tout ça !

— Et c'est pas tout ! Ils veulent acheter des vaches, les meilleures qui se puissent trouver !

— Le vendeur, il le dira toujours que sa vache est bonne, mais c'est quand le seau est garni qu'on peut en être sûr.

— Eh, Ninie, tu n'y es pas ! Il n'y a plus de seaux ni de bidons, rien qu'une machine qui tire plusieurs bêtes à la fois et renvoie le lait, par des petits tuyaux, jusqu'à une grosse tonne.

— Tout ce bazar, j'aime mieux que ce soit eux que moi ! », conclut Ninie.

Mais les Doucettes ne la tourmentaient plus guère. Ses propres difficultés l'occupaient suffisamment.

Sa première peine, c'était de ne plus voir beaucoup ses enfants. Où les loger ?

Fabien avait acheté une caravane. Pour Pâques, il la plaça pendant trois jours dans la terre du voisin. Mais, aux grandes vacances, le maïs était déjà haut et arrivait au ras de la maison. Pas question de camper dedans.

Marie-Laure, Fabien et leurs deux petits allèrent en Bretagne un bout de temps, puis revinrent passer la fin de leurs vacances au camping de Saint-Martin. Ils se rendaient bien chez Ninie, mais ce n'était plus la même chose.

Celle-ci, de son côté, prenait son pétarou et allait passer quelques tantôts au bord de la Dronne, admirant les petits qui barbotaient dans la rivière.

Un jour qu'elle repartait sous une averse, Fabien lui dit :

« Belle-mère, il vous faudrait un promène-couillon.

— Un promène-couillon ? Qu'est-ce que c'est que cette affaire ?

— Vous savez bien, ces petites voitures où on n'a pas besoin de permis.

— Pourquoi tu les appelles comme ça ?

— Parce que nous sommes passés en Vendée et, là-bas, tout le monde les nomme des promène-couillons. En arrivant dans les Deux-Sèvres, on m'a dit qu'il n'y avait qu'en Vendée qu'on leur donnait ce nom-là. J'ai demandé pourquoi, on m'a répondu que c'était sans doute parce qu'il y en avait davantage là qu'ailleurs, répondit Fabien en riant.

— Mais, ajouta-t-il sérieusement, le nom ne fait rien à l'affaire. Vous seriez tout de même bien plus à l'abri qu'avec votre pétarou. Et puis, on peut tenir deux devant et les commissions derrière.

— Je ne dis pas non, mais ce bazar-là c'est trop cher pour moi.

— Penses-y quand même, maman, et nous on t'aiderait », dit Marie-Laure.

Mais Ninie ne songeait guère à acheter quoi que ce soit. Comment payer son assurance et celle du tracteur ? Elle ne voulait rien devoir à personne et Jean-Pierre l'avait prévenue :

« À quelques années de la retraite, c'est pas le moment de lâcher l'assurance. Si vous pouvez pas y arriver, dites-le moi, je ferais l'impossible pour vous aider. »

Ninie savait bien que lui non plus ne roulait pas sur l'or avec la part de ses frères et sœurs à payer, plus les annuités des emprunts contractés pour l'achat de son matériel de maçon-couvreur.

Elle accepta cependant le petit bout de terre qu'il lui proposa pour faire venir au moins quelques patates, car le jardin auprès de sa chambre était tout juste bon à faire pousser trois salades et du persil.

C'était assez loin pour aller travailler chez Jean-Pierre, mais cela lui rendit quand même bien service.

À force de calculer, de ruminer et de tirer sur tout, et aussi de rapiner un peu, lorsque l'occasion s'en présentait, Ninie arriva à boucler son petit budget, mais elle n'avait guère le temps de penser à autre chose.

Un jour, Jean-Pierre lui dit :

« Té, aujourd'hui, je suis passé devant les Doucettes, un peu de plus, je reconnaissais pas l'habitation.

— Comment ça ?

— Hé bé, ils ont fait monter des manières de tours à droite et à gauche de la maison.

— À hauteur du toit ?

— Non, plus haut, ça semble presque un château !

— C'est pas ça qui leur mettra des sous dans la poche ! Et les vaches, le lait, ça marche bien ?

— Au début, il y a plusieurs bêtes qui ont péri. Elles pissaient marron et venaient toutes sèches. Enfin, le vétérinaire a trouvé que c'était les *lagas* qui leur donnaient cette maladie[1].

— Comment ça se fait que nous autres, les bêtes avaient des lagas et elles étaient pas malades ?

— Paraîtrait que l'attrape surtout le bétail qui vient d'ailleurs. C'est pas habitué au pays. La preuve, les élèves qu'ils ont faites : il n'y a presque pas eu de pertes.

— Ils font beaucoup de lait ? »

Jean-Pierre se mit à rire :

---

1. *Piroplasmose, maladie donnée par certaines tiques (*lagas*).*

« Oui, je crois qu'ils en ont eu fait assez, mais voilà, il faut tirer le lait deux fois par jour, trois cent soixante-cinq jours par an. Alors, ce monde, habitué à avoir ses dimanches et à partir en vacances, ça pouvait pas durer longtemps. La Nadine a commencé à parler d'esclavage et qu'elle voulait pas que son petit soit le domestique des bêtes.

— Qu'est-ce qu'elle croit ? C'est pas en travaillant la terre qu'on peut se payer des vacances.

— Peut-être bien qu'elle le pense. Toujours est-il qu'ils ont bazardé le bétail et qu'ils ont tout semé en maïs.

— Toutes les terres ?

— Les terres, les prés, tout, même le jardin.

— Ils ont dû perdre gros sur le bétail.

— Bien entendu, leurs vaches de sélection, ils en ont pas tiré la moitié de ce qu'elles leur coûtaient à l'achat, mais comme ils avaient fait beaucoup d'élèves, sur le nombre, peut-être ils ont un peu rattrapé. Et puis faut dire que chez eux, tous les mois ça tombe.

— Ah ! oui, la retraite de Raymond.

— Trois pensions, Ninie, trois pensions ! Rodolphe touche aussi, pas gros, mais enfin il touche.

— Si c'est ça, la Jeanne risque pas de le mettre à l'hospice, elle perdrait les sous !

— Elle avait dit ça pour lui faire peur, mais vous savez bien que jamais elle le fera. Ça marquerait trop mal d'avoir quelqu'un de sa famille à l'hospice. Et les sous de Rodolphe, c'est rien à côté de sa pension à elle. Vous vous rendez compte, une veuve de gendarme ce qu'elle peut toucher ? Plus les loyers de deux maisons qu'elle a.

— Raymond aussi, avec ses années à l'étranger, ça doit lui faire de fameux mois. Je les comprends pas, non vraiment je les comprends pas, pourquoi manger de l'argent en travaillant alors qu'ils pourraient être si heureux en ne faisant rien ! »

En 1974, il arriva à Ninie quelque chose d'extraordinaire : Jean-Pierre lui dit que, vu qu'elle avait été opérée dans sa jeunesse, elle devait avoir droit à sa retraite à soixante ans au lieu de soixante-cinq.

« Tu veux dire qu'on me donnera de l'argent à rien faire ?

— Oui, vous recevrez une somme tous les trois mois.

— C'est jamais possible !

— Hé si, vous avez versé pour ça depuis que vous êtes en âge de travailler. Maintenant, vous allez toucher.

— Je le croirai quand je le verrais.

— Mais c'est tout vu, Ninie, vous avez qu'à me donner vos papiers. Oh ! ça viendra pas tout de suite, vous ne toucherez qu'après vos soixante ans révolus, mais il faut s'y prendre assez vite parce que, dans les bureaux, ils trouvent toujours qu'il y a une paperasse qui manque. »

Ça se répandit dans le pays que Ninie allait toucher une bonne pension, vu que, si elle n'avait peut-être guère eu de gages chez Roussion, ses assurances avaient toujours été payées régulier. Depuis les temps, ça lui ferait sûr une belle retraite.

Ninie se trouva tout d'une fois des amis qu'elle ne se connaissait point...

Claudiquant sur son pied-bot, l'homme l'aborda à la foire à Saint-Martin :

« Adieu, Ninie, comment ça va ?

— Adieu, Raoul, moi ça va comme les vieux et chez toi ? », répondit poliment Ninie, un peu surprise, ce Raoul Vigneux n'ayant point coutume d'être si aimable avec elle.

Il lui tint la conversation pendant un bon moment, l'interrogeant sur ce qu'elle faisait, son jardin, ses volailles. Habilement, il l'amena à se lamenter sur le peu d'aisine qu'elle avait, et, de fil en aiguille, il finit par lui proposer de lui louer une chambre qu'il avait derrière une grange. Elle donnait sur un pré avec un petit bois par bout, un vrai paradis pour la volaille.

Ninie s'y rendit quelques jours plus tard et, tout de suite, elle aima la place : c'était retiré de la route, au milieu des bois. L'exploitation des propriétaires se trouvait bien à cent mètres de cette vieille grange qui servait juste à remiser quelques outils hors d'usage.

« Tu pourras ranger ton tracteur à l'abri, ça nous gênera point et les vieux toits à gorets, si ça te fait plaisir, t'as qu'à remettre un peu d'ordre dans les toitures et fermer les volailles dedans. Ça nous fait point rien, nous on a nos volaillères à notre porte. À côté de ta chambre, tu peux serrer ton grain dans le petit réduit qui ferme en clé. »

Le déménagement fut bientôt fait et Ninie ne tarda pas à avoir un régiment de volailles : des poules ordinaires, des cou-nus, des pintades, des oies, trois sortes de canards, des dindons et même un élevage de faisans, complètement fermés dans un parc en treillage doublé par des brandes et monté par Ninie. C'était trop joli de voir les petits se jeter sur les œufs de fourmi que Ninie leur apportait, dès qu'elle trouvait une fourmilière.

Dans le pré, il y avait un petit trou d'eau qui servait pour la volaille et, devant la porte, un puits pas trop mauvais pour la servitude de Ninie. Elle pouvait même arroser son jardin. Il est vrai qu'il était très petit, mais le moindre recoin en était utilisé.

Aux Doucettes, Ninie volait le temps pour s'occuper du jardin. Ici, enfin, elle pouvait travailler tranquillement. Semer les légumes au bon moment et sortir l'herbe avant qu'elle vienne grande.

Les Vigneux, qui étaient mal dégourdis, commencèrent à être jaloux des résultats de Ninie.

Pourtant, elle n'était point chien, et c'est bien souvent qu'elle disait à Noémi :

« Viens donc chercher quelques pieds de salade, laisse-moi le vert pour mes oies et garde le cœur. »

Lorsque les deux femmes étaient dans le jardin, Ninie, sa bêche à la main, ajoutait :

« Te voilà deux poireaux et des carottes pour faire la soupe. Coupe donc ce chou pommé, vous n'en ferez un farci. Si tu as besoin de persil, tu sais où il est, t'as qu'à venir te servir. »

Les Vigneux se frottaient les mains tous les jours d'avoir une locataire si intéressante.

Noémi était sotte et malade, Raoul se croyait plus fin, alors qu'il avait de la filouterie en plus et avec ça feignant comme il n'est pas possible. Tous les deux étaient envieux de tout, parce qu'ils ne possédaient rien que ce morceau de propriété qu'ils n'étaient même pas capables d'entretenir comme il faut.

Leur fille, mariée à Bordeaux, venait rarement et ne leur apportait aucune aide ; quant à leur fils, petit tardillon né dix-huit ans après sa sœur, c'était un sale gouyassou de onze ans, malfaisant, insolent, gâté-pourri par sa mère qui ne voyait rien de plus beau que son Réal.

Ils s'accrochèrent à Ninie comme après une bouée de sauvetage et celle-ci, contente au fond de se sentir utile, ne leur ménagea ni ses conseils, ni ses bras, ni même son argent.

Sa pension acceptée, un jour Ninie toucha son premier trimestre. La somme lui sembla énorme : elle le dit à Jean-Pierre.

« Quoi ? Tous les trois mois, j'aurai pareil.

— Mais oui, vous…

— D'abord, depuis les temps qu'on se connaît, je veux plus t'entendre me dire vous.

— D'accord, si tu veux.

— Tu comprends bien que je peux pas recevoir la même chose quatre fois l'an. C'est pas possible que ça dure. Au gouvernement, ils auront jamais assez d'argent pour payer le monde ainsi à rien faire.

— T'occupe, t'occupe, mange, bois, dors et repose-toi, tu as bien assez travaillé toute ta vie. »

Mais, se reposer, Ninie ne savait pas faire. Simplement, elle n'entreprit plus de bois que pour son chauffage et dit à son propriétaire :

« Dis donc, Raoul, me vient une idée. Puisque tu pleures que tu as pas le sou, pourquoi tu ferais pas quelques jardins à Saint-Martin ? J'en garderais juste un ou deux pour me passer le temps et je te laisserais les autres.

— Ouais, peut-être bien, mais c'est pas avec ça que je vais payer mes impôts cette année.

— Écoute donc, si ça peut vous arranger, je vous paye un an de loyer à l'avance. Au moins ça vous mettra à jour pour les impôts.

— Hé bé, c'est d'accord et, si tu as besoin de maïs pour tes volailles, tu donneras la main à ma femme pour sarcler la pièce et tu garderas quelques rangs pour toi. »

En fait de donner la main, c'est Ninie qui fit bientôt tous les sarclages.

Raoul en eut vite assez de faire les jardins. La terre était trop basse pour lui ! Il se plaignait que c'était très pénible et pas assez payé !

« On n'a rien sans rien, lui répondait Ninie, moi, j'ai été bien contente de trouver ça pour m'aider à vivre, mais si ça te plaît pas, tu as qu'à le laisser.

— Oui, seulement faut absolument que je fasse argent au-dehors. Toi que tu connais beaucoup de monde, tu vois pas quelqu'un qui pourrait me donner un travail pas trop pénible ?

— Et bien payé, ajouta Ninie moqueuse.

— Autant que possible, oui. »

Quelques semaines plus tard, Ninie entendit parler du terrain de camping de Saint-Martin qui avait besoin d'être nettoyé. Elle dit à Raoul :

« Va vite voir, me semble que ça te conviendrait tout à fait. Je crois qu'il faut ramasser les feuilles et les faire brûler. Attiser le feu c'est pas bien pénible, tu pourras même porter des pommes et les faire rôtir pour te passer le temps ! »

Raoul fut le premier à demander la place, il l'eut et la garda, car cela lui donnait l'occasion de partir des journées entières, alors qu'il n'avait à faire que quelques heures de travail. Mais c'est plus agréable de jouer à la belote dans un bistrot que de se crever à faire venir quelques maigres récoltes dans un sol aride.

Il laissait le travail à Noémi et ça faisait pitié de voir cette pauvre femme, toute seule au soleil, travailler les récoltes avec sa tranche.

« Jamais elle n'en viendra à bout, ils n'en ont déjà guère semé. Si l'herbe passe dessus, il n'y aura rien du tout. »

Ninie prenait son chapeau et allait lui aider.

Sur la pièce de maïs, les deux rangs du bord étaient pour elle, aussi les avait-elle entreplantés de haricots grimpants.

« Moi, je les aime en sec. L'hiver, une soupe de mongettes avec des raves, assaisonnnés d'un petit hachis de lard et d'ail et de persil, un bon chabrot par là-dessus, hé bé, j'ai dîné. Me faut rien plus », disait Ninie.

Mais, lorsqu'elle voulut ramasser les haricots, il ne restait que quelques cosses. Elle le fit remarquer à Noémi :

« J'en avais besoin pour mettre dans la sauce de poulet le jour où on a vendangé », lui répondit tranquillement celle-ci.

Ninie songea :

« Je ne vais pas faire des histoires pour quatre mongettes, je m'en achèterai deux ou trois poches au marchand. »

Quelque temps plus tard, Raoul vint la trouver :

« Nous sommes invités à la noce de notre nièce. On n'y serait pas allé rapport aux animaux, mais si tu peux y donner l'œil, on s'en irait pour tout le samedi. »

Et Ninie, bonne pâte :

« Vous que vous sortez jamais, profitez-en, mais en allez-vous-en donc vendredi soir. Vous inquiétez pas pour le travail, je le ferai. On n'est pas frais quand on arrive le matin de la noce, sale et fatigué par un long chemin en mobylette.

— Tu as raison, Ninie, on va faire comme tu dis.

— Et puis prenez votre temps, vous inquiétez pas, amusez-vous bien. »

Ils ne rentrèrent que le dimanche au soir.

Raoul descendit chez Ninie et, sans bonsoir ni merci, il lui demanda si le veau avait tété et quel travail il restait à faire.

« Rien, tout est en ordre : les bêtes sont pansées, les volailles fermées, vous avez plus qu'à vous mettre au lit. »

L'œil allumé, l'homme s'approcha de Ninie, l'attrapa par le bras :

« Hé bé, justement, il y en a un là tout auprès. Viens donc un moment. »

Il la tirait vers le lit. D'une brusque secousse, Ninie dégagea son bras, faisant chanceler l'homme.

« Non mais ! T'es pas malade ! Qu'est-ce qui te prend ? »

Elle sentait l'haleine avinée qui s'échappait de la bouche de Raoul, dont les yeux brillaient méchamment.

« Et alors ? T'as pas toujours été si farouche !

— Tais-toi donc, tu es saoul, va-t'en cuver chez toi.

— J'suis pas saoul, et je resterais si ça me plaît. Tu apprendras qu'ici c'est chez moi.

— C'est bon, tu as raison, mais va donc trouver la Noémi. Si tu tardes trop, elle va se faire du souci », dit Ninie conciliante en le poussant doucement vers la porte.

Il se laissait faire, grommelant :

« La Noémi, la Noémi, elle est toujours malade et quand tu la tiens, c'est pas plus chaud ni épais qu'une latte. Toi au moins, on doit en avoir ses pleines mains. »

Il tentait de l'attirer à lui. D'une bonne poussée, elle acheva de le mettre dehors, lui claqua la porte au nez et tira le verrou. L'homme frappa à coups de pied, criant et injuriant sa locataire.

Au bout d'un moment, il s'éloigna. Par sa croisée entrouverte, Ninie vit de la lumière et entendit la voix de Noémi, puis le claquement de la porte refermée lui apprit que Raoul serait bientôt au lit.

Le lendemain matin, Galabru, en se rendant à son travail, s'arrêta un moment chez Ninie. Il y but le café comme il en avait l'habitude lorsque son chantier le faisait passer par là. Bien entendu, Ninie lui raconta en riant les avances de Raoul, blâmant le vin de l'avoir fait déraisonner :

« Plein comme il était, je me demande comment il n'a pas roulé au fossé avec sa mobylette ? »

Galabru, qui buvait beaucoup mais n'était jamais saoul, hocha la tête :

« Plein, tu dis ? Peut-être pas tant que tu crois.

— Comment ça ? Que veux-tu dire ?

— Je le connais depuis un moment le Vigneux. Il est franc comme un âne qui recule, tu le sais pas que c'est un coureur de cotillons ?

— On le dit, mais vrai, faut pas être dégoûtée !

— Justement, tu vois pas qu'il viroune autour de toi depuis un bout de temps ? »

Ninie tombait des nues.

« Ah bé ça, par hasard ! Si j'avais pensé une minute que… mais c'est point vrai, tu te fais des idées !

— Tu verras, tu verras Ninie, le jour où il aura compris qu'il perd son temps, tu auras intérêt à te méfier. Il est très mauvais.

— Que veux-tu qu'il me fasse ? Mon loyer payé, bonjour-bonsoir et chacun chez soi.

— Tu crois ça ? Moi je sais qu'il est capable de te faire mille misères. À moins bien sûr que…

— À moins que quoi ?

— Tu me comprends.

— Non mais des fois ! Faudrait vraiment avoir envie de rien ! »

Ninie était scandalisée, si une fois elle voulait se prendre un homme, ça ne serait certainement pas ce mauvais Raoul qu'elle choisirait !

VII

Trop c'est trop

LA PREMIÈRE PIQUE VINT au bout de quelques semaines. Après avoir quitté les Doucettes, Ninie s'était élevé un petit chat, ça lui faisait une compagnie. Lorsqu'elle rentrait le soir, avec le canari dans sa cage et le chat qu'elle prenait un moment sur ses genoux, la chambre était plus gaie.

Dans la journée, Mickey vagabondait au gré de sa fantaisie. C'était devenu un gros matou et Ninie savait bien qu'un jour ou l'autre elle le perdrait, car il courait les chattes de plus en plus loin. Forcément, il finirait par se faire écraser en traversant une route, serait tiré par un chasseur, ou tué par un chien, ou encore mangé par un renard.

Aussi ne fut-elle pas étonnée en ne le voyant pas de quatre jours.

Un soir, elle entendit une détonation qui semblait venir de chez Vigneux, mais elle n'y fit pas plus attention que ça.

Ce fut le lendemain qu'elle y repensa lorsqu'elle trouva son chat mort au milieu des salades. Il n'était pas difficile de voir qu'il avait reçu un coup de fusil qui lui avait fait éclater la tête. Dans la peau des épaules, Ninie sentit des plombs rouler sous ses doigts.

Mais pourquoi était-il si maigre et avait-il une patte arrière déchiquetée, pendante, complètement désarticulée ?

Elle sut bien vite la vérité. Réal, en rentrant de l'école, vit l'animal étendu devant la porte.

« Vous avez trouvé votre chat ? C'est moi qui vous l'ai porté dans le jardin.

— Où l'as-tu trouvé ?

— C'est mon père qui m'a commandé de vous le remettre.

— C'est lui qui lui a tiré dessus ?

— Ouais, ma mère le voulait pas, elle disait : "Sors-la du piège cette pauvre bête, qu'elle aille crever au loin, ou peut-être bien se remettre."

— Qu'est-ce que c'était ce piège ? Et où se trouvait-il ?

— C'est un piège à loup que mon père avait posé dans le bois, rapport aux fouines qui viennent manger la volaille. Le Mickey s'est pris dedans, il a gueulé trois jours et puis mon père l'a tiré. »

Ninie ne voulait pas d'histoires. Elle se retint donc de dire au drôle ce qu'elle pensait : les pièges, on les met dans les bâtiments, pas au milieu des bois, et les bêtes prises, on les lâche ou on les assomme aussitôt, sans les laisser souffrir de la sorte. Elle se tut donc, mais n'en pensa pas moins :

« Galabru n'avait pas tort. Avec ce vilain oiseau, j'ai avantage à me tenir à carreau. »

Dorénavant, elle ne tourna plus les yeux du côté d'en haut.

« Si on se parle plus, on risquera pas de se chamailler », songeait-elle.

C'était compter sans la canaillerie de Raoul.

À quelque temps de là, un matin en allant soigner ses bêtes, Ninie trouva ouvertes les portes de deux toits à lapins. Une, elle aurait pu oublier de mettre le loquet, ou il se serait défait, mais deux ? Vraiment ça donnait à penser.

Le lapin qui nichait à droite n'était même pas sorti. La cage voisine était vide, la lapine et ses six petits avaient choisi la liberté. Heureusement, ils ne s'étaient guère éloignés. Ninie les rattrapa assez aisément, en les coinçant le long du treillage du jardin. Un seul resta introuvable. Pour une perte aussi minime, Ninie arrêta bien vite ses recherches.

Elle blâma le drôle, mais, comme elle ne l'avait point vu, elle n'en parla à personne.

Lorsqu'elle rentrait le soir, il lui arrivait de trouver des œufs écrasés dans les nids, ou trois pieds de salade déplantés, ou son persil arraché.

Ninie songeait que ce n'était jamais que des bricoles et que moins elle y porterait attention, plus vite ça cesserait.

Même, à l'occasion, elle échangeait quelques paroles de bon voisinage avec Noémi. Elle la savait bête, mais la croyait moins mauvaise que son mari. Sûrement que Raoul et le drôle ne lui racontaient pas toutes leurs canailleries.

Les pintades sont très cachottières. Au printemps, celles que Ninie possédait se mirent à pondre et à couver un peu partout : deux sous les fagots dans le hangar, une dans la grange, la quatrième on ne savait où.

Il y avait déjà un bout de temps que tout à coup la pintade était là, mangeait avec les autres sans que Ninie puisse arriver à voir par où elle venait et repartait. Une seconde d'inattention et froutt ! La bête avait disparu. Si la volaille sentait sur elle un regard attentif, elle prenait un air indifférent, se roulait dans la poussière, mangeait trois brins d'herbe, faisait semblant de chercher des parasites, en inspectant une par une les plumes de ses ailes et de sa queue, mais jamais elle ne retournait à ses œufs.

Ninie voulut en avoir le cœur net : un jour, elle sacrifia sa matinée, partit par le routin, revint sans bruit dans le bois et se dissimula derrière un taillis de châtaigniers. À travers les feuilles, elle vit la pintade, méfiante, faire plusieurs faux départs, monter d'un coup d'aile sur le toit de la maison, inspecter les alentours, voler dans le pré. Ninie eut bien du mal à suivre l'agitation des hautes herbes qui lui signalait les nombreux tours et détours que fit encore l'animal avant de gagner enfin un buisson, à mi-chemin entre chez Vigneux et la chambre de leur locataire.

Le lendemain, pendant que toute la volaille mangeait, Ninie s'en fut vers la *bouillée* de ronces et trouva la cache, mais elle se garda d'y mettre la main, car le temps de l'éclosion était proche. Il ne fallait pas risquer qu'une odeur étrangère fasse fuir la mère.

Tous les matins, Ninie allait jeter un coup d'œil sans trop s'approcher. Un beau jour, plus d'œufs, le nid était vide. Point de coquilles, aucune trace de lutte.

Ninie songea :

« C'est quelque chien ou quelque renard qui est passé par là. Encore heureux que la pintade soit pas bouffée aussi ! Je la vois là-bas qui mange avec les autres. »

Elle fit son deuil de la couvée avec philosophie, parce que ces choses-là arrivent si souvent qu'on ne peut pas pleurer à tous les coups.

Environ un mois après, Ninie se trouva passer devant chez Vigneux. Noémi soignait sa volaille : une dizaine de poules, trois ou quatre canards, une demi-douzaine de pintades grises et tout un tas de pintadeaux blancs qui commençaient à mettre la plume.

Ninie s'arrêta surprise :

« Adieu, Noémi, te voilà une belle grouée. Je savais pas que tu avais des pintades blanches ?

— J'en avais point, mais c'est ton pintar blanc qui est venu trouver ma pintade. Sur vingt-trois œufs il y a eu vingt-deux petits. »

Alors, Ninie se mit à rire de bon cœur :

« Manque de chance, Noémi : c'est pas mon pintar qui est blanc, c'est une femelle ! »

Noémi en resta la bouche ouverte et Ninie continua de rire en s'en allant, sans rancune, parce que, après tout, ce nid il était à mi-chemin !

Mais, lorsque sa femme lui conta la chose, Raoul fut vexé et furieux de voir que Ninie avait compris que c'était lui qui avait levé les œufs ! Il lui déclara ouvertement la guerre.

Il arriva un matin, la casquette plus de travers que jamais, clopinant sur son pied-bot. Sans bonjour ni bonsoir, il attaqua :

« On t'a loué la chambre, mais pas la grange. Tu sortiras ton tracteur de dedans.

— S'il y a que ça pour te contenter, ça sera bientôt fait », riposta Ninie.

Elle laissa désormais son tracteur dans la cour et mit dessus un plastique usagé qui avait encore assez de bon pour couvrir plusieurs fois son matériel.

À quelques jours de là, en prenant son pétarou abrité avec le tracteur, Ninie sentit les poignées lui glisser entre les mains. On les avait enduites de vieille graisse à machine, noire et visqueuse.

Ninie haussa les épaules, nettoya le guidon, se lava les mains au Bonux en songeant :

« Encore une couillonnade du drôle, tant que ça viendra pas plus grave ! »

Mais ce n'était que le début. Raoul revint :

« On t'a loué la maison, pas la volaillère. Sors tes animaux de dedans et vite. Autrement, je m'en occuperai, moi, de toutes tes saloperies de bestiaux !

— Tâche moyen d'y toucher ! Ça pourrait te coûter cher !

— Si c'est pas parti dans huit jours, je descendrai tout à coups de fusil. »

Ninie savait qu'il en était capable. Bien sûr, elle pouvait aller trouver les gendarmes, mais qu'auraient-ils pu faire de plus ? Non, mieux valait chercher une autre place et en attendant disperser sa volaille.

Alors, pendant deux jours, Ninie parcourut les environs, donnant ses bêtes à tous ses amis. Ils voulaient les lui payer.

« Non, non, je ne veux point d'argent. Plus tard peut-être, si je trouve une bonne place pour me tenir de la volaille, vous me donnerez une paire ou quelques œufs pour m'aider à me remonter. »

Tous le lui promirent de bon cœur, blâmant Raoul et s'indignant de sa méchanceté, seulement personne ne put lui indiquer un autre logement.

« Si on voit quelque chose qui puisse faire ton affaire, on te le fera dire. »

Mais ce n'était pas facile à trouver : une place seule, tranquille, avec beaucoup d'aisine autour.

Ninie cherchait toujours et en attendant les vacheries continuaient. Une des personnes, chez qui Ninie faisait des jardins, lui avait donné une vieille télévision : une chaîne noir et blanc, parce qu'elle venait de s'en payer une avec les trois.

Ça suffisait tout à fait à Ninie pour la distraire un peu le soir. Elle prenait les nouvelles et écoutait un petit moment avant d'aller au lit.

Ce jour-là, il pleuvait et elle était rentrée de bonne heure, toute mouillée. Alors, elle avait remis une bûche sur les braises et attisé le feu, songeant :

« Je m'en vais tricoter un moment tout en me séchant. Tiens, si je mettais le poste. »

Aussitôt dit, aussitôt fait. Mais rien, le poste était muet. Elle eut beau tourner tous les boutons, ça s'éclairait, mais ni images ni son.

« Voilà ma télé écrasée. Faudra que je demande à Fleury l'électricien de venir, vu qu'elle est trop lourde pour que je la déplace. »

Celui-ci arriva quelque temps plus tard, trifouilla pendant un bon moment et finalement dit :

« Je vois rien, où est votre antenne ?

— Dessus le plancher. Viens. »

Ninie le fit sortir de la chambre et entrer dans le petit réduit à côté. Une échelle appuyée au mur conduisait sur le grenier. L'homme y monta. Bientôt, il cria.

« Pas étonnant que la télé marche pas, le fil de l'antenne est cassé. »

Au bout d'un moment, il redescendit :

« Voilà, j'ai réparé. Mais c'est quand même curieux, le fil est trop gros pour avoir cassé comme ça, sans raison. Et puis la section est tranchée comme avec une pince.

— Hé bé, cherche pas plus loin, mon fil il a été coupé. Et je sais qui !

— Mais pourquoi ? Et qui c'est ?

— Mon drôle, j'ai rien vu, je peux rien dire.

— Les portes étaient pas fermées à clé ?

— Oh ! que si ! Surtout là, j'ouvre juste pour prendre mes affaires et je referme aussitôt.

— Mais alors ? Il y a bien une autre clé.

— Hé oui.

— Et qui c'est qui l'a ? Ça peut guère être que le propriétaire.

— J'ai rien dit, pense ce que tu veux.

— Mais enfin, mais pourquoi ?

— Que veux-tu, mon pauvre Fleury, les mondes sont parfois bien méchants sans nulle raison. »

Cependant, il y avait aussi des moments où Ninie riait de bon cœur. Un jour, Galabru arriva chez elle tout excité :

« Ah ! Ninie, si tu savais ce que j'ai vu !

— Et quoi donc ?

— C'est trop drôle, j'en rigolais tout seul en rentrant chez moi.

— Hé bé, dis-le, qu' je puisse rigoler avec toi.

— Voilà, je vais te conter l'affaire. Hier, à la foire à Chalais, il y avait beaucoup de monde. Un moment donné, dans une petite rue, on était tellement serrés qu'on pouvait plus avancer. À mes côtés, il y avait un monsieur avec un feutre qui lui cachait la figure. Tout d'une fois, j'entends cet homme qui dit : "Adieu, Galabru." Moi, j'ôte ma casquette, comme ceci, et bien poliment je réponds : "Bonjour monsieur." Mais je savais pas qui je saluais, encore que la voix me semblait connue. Alors, le monsieur se met à rire en se tournant de mon côté. Qui je vois ? Mon Rodolphe ! À présent, il porte le chapeau !

— Rodolphe porte le chapeau ! répéta Ninie stupéfaite.

— Hé oui, j'en suis resté tout bête, je pouvais que dire : "Mais, mais… c'est toi. Mais comment que ça se fait que tu as plus ta casquette ?

— Ah ! que veux-tu ! C'est la Jeanne. À présent, si je veux sortir, faut que je porte le chapeau. Mais tu sais, je le porte pas souvent. J'aime pas sortir, surtout maintenant que je semble un *babouin*[1]."

— Tu m'étonnes ! dit Ninie en riant. Je vois Rodolphe porter le chapeau ! Ça doit lui aller comme une *bounette* à mon goret !

— Tout pareil ! conclut Galabru. »

Et ils en rirent ensemble bien souvent. Mais, d'autres choses n'étaient pas amusantes du tout. Ses propriétaires continuaient leurs persécutions.

Un jour, elle trouva un gros rat pourri dans son puits. Une autre fois, Raoul signifia à Ninie qu'il ne tolérerait pas de caravane sur ses terres :

« Ta clique, elle a qu'à aller au diable. Je veux voir personne ici. »

Les deux années précédentes, Fabien et sa famille campaient dans le pré, devant la porte. Ninie avait pu vivre un mois avec ses enfants et petits-enfants.

---

1. Épouvantail.

À présent, il ne fallait plus y compter. Elle se retrouvait comme dans son précédent logement, avec la méchanceté des propriétaires en plus. Malgré tout, elle prenait les choses avec bonne humeur. Les brimades qu'elle pouvait cacher, elle faisait comme si elle ne les avait pas vues. Ainsi, les Vigneux ne pouvaient pas rigoler d'elle. Elle songeait :

« C'est pas leurs bêtises qui m'empêcheront de manger ni de dormir. Si je peux une fois trouver quelque place ailleurs, adieu bonsoir. En attendant, s'ils croient m'entendre crier ou me plaindre, ils se trompent. Je ne lèverai pas la langue et c'est eux qui seront les plus couillonnés. À force, ils se fatigueront bien sans doute. »

Mais Raoul ne désarmait pas et le prouva bientôt.

L'E.D.F. décida de renforcer les lignes trop faibles. C'était le cas pour Ninie et chez Vigneux qui se trouvaient en bout de distribution.

Les ouvriers vinrent donc et firent leur travail. Fleury l'électricien était là aussi pour brancher et revoir quelques petites choses dans l'installation. Il n'y avait qu'un seul compteur pour la chambre de Ninie et la grange des Vigneux où on allumait presque jamais. Fleury s'apprêtait à remettre le courant, lorsque Raoul s'interposa :

« Tu branches la grange, pas la maison. »

Fleury commença à dire :

« Mais quand même, la lumière, elle y était bien.

— Hé bé, elle y sera plus et c'est tout.

— Vous allez pas faire ça ?

— Mais, dis donc, je suis pas chez moi peut-être ? Je fais comme je veux et c'est pas toi qui me fera la loi. »

Fleury restait la bouche ouverte, une main en l'air tenant le fil, ne sachant que dire ni que faire. Noémi, jusque-là silencieuse, osa ouvrir la bouche :

« Mais la Ninie alors ? Sa cafetière électrique… »

Raoul se retourna, furieux :

« Toi, personne te demande rien. Ici, c'est moi le patron. Si tu ouvres seulement la bouche, je te promets que ce soir je te ferme la porte, et tu pourras coucher dehors ! Fous-moi le camp à la maison. »

Noémi baissa la tête et s'en alla, pendant que le Réal se tapait sur les cuisses en rigolant.

Alors, Ninie acheta une grosse lampe de poche et quelques bougies. C'était l'été, il n'y avait guère besoin de lumière et lorsque les journées sont si longues, on ne songe pas à la télé. En rentrant de dehors, on va directement au lit. Et Ninie se contenta de son transistor pour avoir les nouvelles.

Le long du mur, devant la porte, il y avait des toits à lapins. Ninie en avait libéré trois pour mettre les quelques poulets qu'elle avait conservés. Afin de finir de les engraisser, elle avait acheté un sac de maïs qui était fermé à clé dans le réduit à côté de sa chambre.

À peu de chose près Ninie fit le calcul : les volailles vendues, il devait lui rester environ la moitié du maïs, et voilà qu'il lui sembla que le sac diminuait bien vite, étant donné le peu d'animaux qu'elle avait à présent.

Elle eut des doutes et voulut en avoir le cœur net. Justement, le chantier de Galabru le faisait passer matin et soir devant la porte de Ninie. Souventes fois, elle lui offrait le café, la goutte et plaisantait un moment avec lui.

Ce matin-là, Ninie n'avait pas envie de rire :

« Toi que tu es adjoint au maire, je veux te montrer quelque chose. »

Elle fit entrer Galabru, déjà inquiet, dans le réduit et lui montra le sac de maïs :

« Tu vois ce sac ?

— Je le vois.

— Regarde bien comme il est plein. Voilà la casserole qui me sert à prendre le maïs dans le sac. Je vais compter treize grains. Les voilà, je les laisse dans la casserole que je pose sur le sac. Tu as bien tout vu ?

— Oui, mais pourquoi tu fais ça ?

— Parce que, maintenant, je ferme en clé la porte de la resserre. Dessous mon lit, j'ai une petite poche avec assez de grains pour soigner mes bêtes pendant trois jours. Voici la clé. Dans trois jours, tu me la rapporteras.

— Mais, commença Galabru épouvanté.

— Y a pas de mais. Tu es adjoint, tu dois être témoin. »

Et elle lui ferma la porte au nez.

Galabru était bien embêté. Il alla trouver Jean-Pierre et lui conta tout.

« T'as qu'à y aller, c'est ton devoir d'adjoint, tu peux pas refuser. »

Tout peureux, comme un chien qu'on va fouetter, Galabru rapporta la clé au jour dit. La porte ouverte, ils virent le sac de maïs diminué d'un bon tiers et la casserole vide. Ninie s'écria :

« Regardez, la casserole est vide ! Y a que vous et chez Vigneux qui ont la clé ; c'est eux qui ont volé mes treize grains de maïs !

— Trei-trei-treize grains de maïs, c'est point grand-chose…

— Ah ! vous croyez ça ? Eh bien, vous vous trompez, ces treize grains de maïs, ils me les paieront et cher, croyez-moi. »

Galabru regarda Ninie avec effroi. Elle était devenue toute blanche, puis jaune, puis verte. La grande bouche ne riait pas, le petit œil ne clignait plus, elle était folle de fureur.

« Que, que, que vas-tu faire ?

— T'occupe pas de ça, va à ton travail et laisse-moi en paix.

— Tu, tu, tu es pas malade ?

— Malade, moi ? Tu le verras bientôt si je suis malade pour me défendre. »

Elle ne voulut pas en dire davantage et Galabru n'osa pas insister, tant il la voyait hors d'elle. Il partit donc, content au fond de quitter les lieux, mais toute la journée il fut inquiet, de Ninie et aussi du temps.

La radio avait annoncé une tempête : le ciel commençait à se gâter. Le cantonnier quitta son travail de bonne heure, ralentit beaucoup en passant devant chez Ninie. La porte était fermée, on ne voyait ni n'entendait rien. Galabru avait hâte de se mettre à l'abri chez lui, il ne s'arrêta pas et remit les gaz.

Ninie passa la journée dans un état de fureur et d'exaltation qui ne faisait que croître. Elle sortit et nettoya la machine à faire les cartouches du vieux Tourneboule et confectionna plusieurs chevrotines.

Elle prit bien de la peine pour mettre le fusil en état, mais le soir il était graissé, remonté, prêt à faire feu.

Toute la journée, Ninie travailla dans sa chambre, porte close pour que personne la voit faire. Le soir, le feu était crevé, elle n'avait rien mangé et le vent commençait à ronfler de tous côtés. Ninie frissonna et s'aperçut qu'elle avait attrapé un léger mal de gorge à rester ainsi fermée, presque sans bouger, alors qu'elle avait coutume de se donner beaucoup de mouvement et de vivre dehors bien plus que dedans.

Elle se mit au lit, mais ne dormit guère. Son sommeil était peuplé de cauchemars, elle se croyait à l'hospice, elle entendait le bruit strident de la sonnette électrique fixée au mur du dortoir :

« Vite, faut se lever, faire les lits, aller habiller et débarbouiller les petites en bas. J'ai oublié, les tapis ! Faut rouler les tapis avant de descendre. »

Ninie s'éveillait à demi, la tempête faisait rage, elle écoutait :

« Non, ce n'est pas la sonnette du dortoir, ce sont les boîtes à conserve qui étaient sur le rebord de la fenêtre. Le vent les a fait tomber et les roule sur le gravier. Elle se rendormait, mais les tapis la poursuivaient : c'était des nattes-passage en jute, entre les commodes et les lits. Il fallait les brosser puis les rouler. Le cylindre commençait tout petit à un bout de la pièce. Ninie voyait avec effroi qu'il grossissait, grossissait à mesure qu'on avançait vers l'autre bout. Cela devenait une masse énorme que les fillettes poussaient de toute la force de leurs petits bras, avec toujours cette crainte que la natte revienne brusquement en arrière, méchante vague qui les aplatirait comme on écrase des puces. Quel soulagement lorsque enfin on touchait le mur ! »

La tempête devenait moins forte, dehors, les boîtes cliquetaient doucement.

Ninie était au réfectoire, les cuillères raclaient les écuelles d'aluminium toutes cabossées, remplies d'une louche de liquide qui n'avait de café au lait que le nom. On trempait dedans le pain sec, marqué A.P., comme tout ce qui se trouvait dans cette maison.

Ninie sentait sa gorge qui la brûlait :

« C'est ce pain, ils ont laissé les ferrailles A.P. dedans. C'est ça qui me déchire la gorge. »

Elle s'éveillait à nouveau et ce n'était que les mauvaises choses qui lui revenaient à l'esprit : le pain, marqué A.P., elle ne se souvenait pas que dans le moment, elle l'avait trouvé bon. Non, mais elle se rappelait bien le choix proposé aux enfants : la messe ou les croissants ? On ne leur disait pas tout de suite qu'il y avait des croissants le dimanche matin et que celles qui allaient à la messe ne déjeunaient pas. Quand elles rentraient, le repas était terminé. Elles n'auraient droit à rien. Brimade stupide que la direction ignorait sûrement, mais, après tant d'années, Ninie avait encore les croissants sur le cœur !

Bref, elle se leva plus fatiguée qu'en se couchant. Ses mains tremblaient, cependant elle chargea le fusil, ouvrit la porte, s'assit dans l'embrasure et guetta le bout du chemin.

Soudain, le bruit d'un pétarou grandit peu à peu et Galabru, qui avait mal dormi lui aussi, arriva par le routin. Il freina, s'arrêta devant la porte et manqua tomber à la renverse, lorsqu'il vit Ninie le fusil entre les mains :

« Qu'est-ce que tu fais là ?

— Je guette.

— Quoi ?

— Le Raoul.

— Pou-pou-pourquoi ?

— Pour le tuer.

— Fau-fau-faut pas faire ça !

— Si, je le ferai et sors-toi de devant, si tu veux pas ramasser du plomb. »

Elle n'eut pas besoin de le dire deux fois, Galabru fit demi-tour et mit tous les gaz. Il eut de la chance, le maire partait de chez lui avec sa camionnette chargée de quelques ferrailles. À grands signes, Galabru l'arrêta et lui expliqua que Ninie allait tuer Raoul.

« Mais non, tu couillonnes.

— Pas-pas-pas du tout, le-le-le fusil à la main, elle-elle-elle le guette. »

Lorsque Jean-Pierre vit que Galabru, roulant les yeux comme des billes et tremblotant des bajoues, parlait sérieusement, son parti fut vite pris :

« Laisse ton pétarou dans le fossé et saute à côté de moi. »

Dans un bruit de ferraille assourdissant, la camionnette partit à fond de train. Jean-Pierre, outre un vif sentiment de ses devoirs de maire, aimait ses administrés et avait à cœur de maintenir le calme et la justice dans sa commune. Il écoutait beaucoup, parlait peu, mais avec bon sens et autorité. Aussi était-il respecté et obéi la plupart du temps.

En cours de route, il se fit expliquer les choses par Galabru. Celui-ci ne comprenait pas pourquoi

Ninie, qui en avait vu de toutes les couleurs sa vie durant, faisait une telle comédie pour treize grains de maïs.

« Tu ne comprends pas, mais moi oui.

— Explique, je te prie.

— C'est justement parce qu'elle en a tant supporté qu'une si petite chose fait tout éclater. Vois-tu, Galabru, quand c'est trop, c'est trop ! »

Ils discutaient au milieu du bruit. Galabru tassé sur lui-même, tout rond, agitant une main pour mieux s'expliquer, l'autre tenant sa casquette enfoncée, rapport au vent qui sifflait au travers des portières sans vitres. Jean-Pierre, mince et droit, encore grandi par sa haute tignasse crépue, cramponné au volant, balançait machinalement le buste d'avant en arrière, pensant inconsciemment augmenter ainsi la vitesse de sa bagnole. Chaque fois, sa chevelure se renversait dans un sens, puis dans l'autre. L'inquiétude le tenaillait :

« Pourvu que j'arrive à temps. Si seulement Raoul partait de l'autre bord. Comment je vais empêcher la Ninie ? »

Ils trouvèrent celle-ci debout, appuyée à son côté de porte, la figure sombre, le fusil dans les mains.

Jean-Pierre s'avança, Galabru derrière lui, se faisait tout petit.

« Adieu, Ninie.

— Sors-toi.

— Tu me reconnais pas ?

— Si, mais va-t'en.

— Allons, Ninie, sois raisonnable.

— Non, fous le camp, je te dis.

— Voyons, écoute-moi…

— Non, sors-toi de devant si tu veux pas que je t'en foute un pet à toi aussi. »

Et Ninie commençait à mettre le fusil à l'épaule.

« Bon, bon, t'énerve pas, je vais m'en aller, mais dis-moi quand même après qui tu en as ?

— C'est le Raoul et personne m'empêchera de le tuer. »

Jean-Pierre, immobile, cherchait à gagner du temps :

« Et la Noémi ? Tu veux la détruire elle aussi ?

— Cette pauvre sotte, elle en vaut même pas la peine.

— Écoute, Ninie, tu sais que je me suis toujours essayé à te faire plaisir, alors contente-moi à ton tour.

— Passe ton chemin. Ce que je veux faire, c'est pas toi qui m'en empêcheras.

— D'accord, Ninie, d'accord, je m'en vais. Conte-moi seulement pourquoi je te vois là, avec un fusil, prête à canarder le monde. Et après nous nous en irons, pas vrai, collègue ? ajouta-t-il en se tournant vers Galabru qui tremblait dans ses culottes.

— Voui-oui-oui », bredouilla celui-ci en se faisant tout petit.

Ninie hésita un instant, puis se lança dans le récit de ses misères. À mesure qu'elle parlait, les affaires lui remontaient aux lèvres, comme un flot de bile. Des choses dont elle croyait n'avoir aucun souvenir, revenaient en foule. Bientôt, cela sortit comme malgré elle, tout était mélangé : l'enfance sans famille, le travail pour les autres, le renvoi des Doucettes, l'indifférence de Michel.

« Il m'a même pas fait connaître ses enfants.

— Mais ceux de Marie-Laure, tu les vois ?

— C'est fini ça aussi, ils m'ont sorti toutes mes aisines. »

Et elle continua de conter les misères que ne cessaient de lui faire les Vigneux :

« Pour finir, faut qu'ils viennent me prendre du grain que j'ai acheté de mes sous. Me faire ça à moi qui n'ai jamais rien pris à personne, enfin juste quelques petits morceaux de bois de brasse, sur les piles le long de la route, l'année que j'ai quitté les Doucettes et que j'avais rien pour me chauffer. Ça faisait pas de tort, j'en prenais si peu, personne a jamais rien connu. Et les raves que je ramassais dans les champs, c'était pour pas les laisser perdre. Au printemps, il y en avait de reste qui se sont pourries. A mieux valu que mes lapins en profitent. C'était pas faire du mal. Alors que le voleur qui rentre dans les maisons prendre des affaires qu'on a payées, ça peut pas se pardonner. »

Un peu détendue, Ninie conclut :

« Tu le vois par toi-même, je ne peux pas continuer ainsi. C'est pain bénit que de supprimer cette mauvaise bête. »

Jean-Pierre avait écouté Ninie avec beaucoup d'attention.

« C'est vrai, Ninie, le supprimer, c'est une solution !

— Ah ! tu vois…

— Mais peut-être que c'est pas la seule solution.

— Y en a pas d'autre.

— Pour lui, mais toi ? Tu mérites peut-être pas de passer le restant de ta vie en prison.

— Je m'en fous bien, j'ai d'autres cartouches. »

À la grande surprise de Ninie, Jean-Pierre se mit à rire.

« Qu'est-ce que ça a de si drôle ?

— Je vous vois tous deux ensemble chez le diable ! Tu lui feras griller ses poils de moustaches et lui t'enfoncera les *pus*[1] d'une fourche dans les fesses. Et voilà que tu seras pas plus avancée après qu'avant ! Non sérieusement, Ninie, je crois qu'il y a un autre arrangement possible.

— Moi j'en vois pas.

— T'en aller ailleurs.

---

1. Dents.

— Ah ! oui, et où ? Tu crois que j'ai pas cherché ?

— Je sais bien que c'est pas facile, mais en y réfléchissant un moment, peut-être on pourrait trouver.

— Recommencer chez d'autres pour avoir les mêmes tracasseries ? Vaut mieux en finir et le tuer tout de suite, cria Ninie de nouveau hors d'elle.

— Tu-tu-tu », bégaya Galabru.

Jean-Pierre saisit l'occasion pour essayer de détendre l'atmosphère, il se tourna vers Galabru, feignant la colère :

« Comment ! Tu oses commander à la Ninie de tuer ? Toi, un conseiller ! J'aurais jamais pu penser ça de ta part ! Tu me fais honte !

— Mais, mais, mais…

— Allons bon, voilà que tu fais la chèvre à présent. Jamais possible, il devient fou ! Qu'en penses-tu, Ninie ? »

À tout prix, il voulait la sortir de son idée fixe. Galabru, par un effort surhumain, parvint à ne plus bégayer :

« Ton oncle de Saint-Martin, tu as bien hérité de sa propriété ?

— Je peux quand même pas la louer à la Ninie ? Qu'en ferait-elle ?

— Je connais un moyen qui arrangerait tout le monde.

— Vas-y.

— C'est de la bonne terre, les voisins te la loueront pièce par pièce, et la maison tu la laisses à Ninie. »

Jean-Pierre se grattait la tête, embarrassé :

« C'est que, ma femme et moi, on pensait la faire mettre en état et la louer l'été aux vacanciers.

— Tu laisses les vacanciers où ils sont et tu la loues toute l'année à la Ninie.

— Y a autre chose : l'oncle. Il n'avait rien jeté ni nettoyé depuis peut-être cinquante ans, tu te rends compte dans quel état c'est ! *La quitte cheminée*[1] qu'il a jamais ramonée, la fumée ne passait même plus dedans ! Tout dans la maison ! Partout une couche de suie d'un centimètre d'épais !

— La Ninie elle en a vu d'autres. Je suis sûr que ça lui ferait rien de remettre de l'ordre. Pas vrai, Ninie ?

— Le travail m'a jamais fait peur. Mais j'en veux pas de votre baraque. »

Jean-Pierre prit la parole à son tour :

« Écoute, Ninie, tu me connais, tu sais que je cherche qu'à te faire plaisir. Si tu veux nettoyer la maison, je te demanderai un loyer que dans deux ans. Il y a quatre pièces. Une fois propres, tu pourras recevoir tes enfants à l'aise. »

Connaissant le point faible, Galabru prit la parole :

---

1. Même la cheminée.

« Ton petit David qui est si content avec toi, tu pourrais le prendre aux vacances.

— Le jardin est garni d'erronces, mais il est assez grand pour faire venir bien des affaires », dit Jean-Pierre.

Ninie, qui avait tressailli au nom de David, s'était reprise et secouait négativement la tête :

« Je te remercie quand même, mais la terre des autres, je n'en veux plus. Il n'y en a qu'une qui sera la mienne : la terre du cimetière, celle-là, personne me la prendra ! »

Il y eut un long silence embarrassé. Ninie s'était de nouveau assise sur sa chaise, le fusil sur les genoux. Galabru avait sorti son mouchoir et s'épongeait la figure. Jean-Pierre, le front baissé, grattait le sol du pied. Soudain, il releva la tête.

« Vous voyez la maison de l'oncle ? Au levant, il y a un grand pré. Environ par moitié se trouve une vieille étable.

— Dans les temps d'autrefois, c'est là que ton grand-père fermait ses brebis, dit Galabru.

— Oui, il y a bien longtemps qu'elle sert plus, mais les murs sont bons et la toiture pas trop mauvaise. Si tu veux, Ninie, je te la vends, mais donne ce fusil.

— Jamais. Et puis comment tu voudrais que je la paye ?

— Avec ta retraite. Je te fais une location-vente, mettons… pour dix ans, peut-être moins. C'est à voir avec ce que tu peux disposer.

— Et loger où ?

— Tu me payes tout de suite un loyer, tu rentres dans la maison de l'oncle. Je te connais, en une couple d'années, tu auras remis de l'ordre chez moi et arrangé une chambre chez toi. Tu iras y rester et tout tranquillement, tu finiras de monter ta maison à ta fantaisie. Allons, maintenant, donne-moi ce fusil.

— Non ! »

Galabru renchérit :

« C'est tes petits qui seront contents. Toi qui n'es pas en peine pour brasser le mortier, tu peux te monter une jolie habitation. Cette vieille étable, ça n'a pas l'air, mais c'est grand.

— Je te laisserai une belle aisine autour.

— Si Jean-Pierre te mettait aussi le gros chêne, le long du chemin, tu pourrais pendre une balançoire pour David, même quelque chose plus pour faire la gymnastique, et puis, une fois arrangé ta baraque, je suis sûr que la Marie-Laure et son mari ils seront souvent là. »

La tête basse, Ninie voyait. Elle voyait la balançoire avec David et Josiane, l'un poussant l'autre. Elle voyait le routin qui passait le long du mur au nord, la maison avec sa façade au midi, donnant sur le pré en pente jusqu'à la route cent mètres plus bas. Il y aurait quatre pièces, peut-être cinq et il resterait encore une grande partie par côté. Elle y ouvrirait des portes et mettrait là un tas de volailles, peut-être un porc, mais… il faudrait le nourrir. Elle releva enfin la tête :

« Faut que tu me mettes le pré avec. »

Jean-Pierre, soulagé, se mit à rire :

« Hé bé, te voilà bien gourmande tout d'une fois !

— Je te donnerai davantage ou pendant plus longtemps, mais me faut un bon morceau de pré. Combien y fait ?

— Doit y avoir environ un hectare.

— Vends-le moi avec le reste.

— Je ne peux pas démunir la maison de l'oncle, c'est pas possible.

— Alors, tant pis, y a rien de fait.

— Faut, faut, faut… couper la poire en deux », hasarda Galabru, tout frémissant d'espoir.

Ninie réfléchit un peu, hésita, finit par dire :

« On mettrait un treillage par moitié, allant du routin jusqu'au bas de la route. »

Jean-Pierre était assez conscient de ses devoirs de maire pour ne pas laisser très longtemps les deux solutions en balance. Entre avoir un assassinat sur les reins ou lâcher un bout de pré, finalement dans de bonnes conditions, son choix fut vite fait, mais il ne voulut pas céder trop vite.

« Alors, c'est toi qui paieras le treillage ?

— Oui, mais tu donneras les piquets.

— D'accord, mais tu couperas les lattes.

— Et moi, s'écria Galabru triomphant et soulagé, je porterai ma barre à mine, je te donnerai la main pour planter les piquets et tu me paieras la goutte. »

Déjà Ninie avait la tête pleine de projets. Oui, elle fermerait sa volaille et son goret environ dans la moitié du terrain, vingt mètres de large et cent de long, jusqu'à la route. Dans le bas, là où poussent les joncs, en trois coups de pelleteuse, elle ferait faire un trou pour que barbotent ses canards et ses oies.

Les trente mètres restants, avec son tracteur, elle les retournerait et sèmerait toutes sortes d'affaires pour nourrir les bêtes et les chrétiens.

Bien sûr, elle en aurait du travail pour mettre tout en ordre, mais n'avait-elle pas déjà entrepris des choses plus pénibles ? Elle prendrait son temps, ferait ce qu'elle pourrait, comme il lui plairait.

Petit à petit, elle allait s'organiser, et puis, elle aurait toute la place voulue pour recevoir ses enfants. Pour commencer, leur caravane, ils pourraient la mettre où ils voudraient. Plus tard, ils auraient une chambre, même plusieurs s'il y avait besoin. Pendant les vacances, Fabien lui aiderait à les monter. Il était si vaillant et si gentil avec elle. Ça n'était pas comme Michel qui se souciait pas plus de sa mère que de rien. Jamais il était venu la voir. Une carte au bout de l'an et bonsoir !

Mais, elle y songeait tout à coup : le jour où elle s'en irait, ce bien, il en aurait la moitié.

« Ah ! non, ça jamais », s'écria-t-elle en relevant la tête.

Les deux hommes qui attendaient en silence sursautèrent.

« Quoi ? qu'est-ce qui ne va pas ? demanda Jean-Pierre inquiet de nouveau.

— C'est Michel ! Tu comprends, ce que j'aurai, je veux pas qu'il en prenne la moitié à sa sœur le jour où je m'en irai. Ça serait pas juste, il est riche à millions, il a pas besoin de ça. Chez ma fille m'ont toujours soutenue, lui jamais. Et puis, si le bon Dieu veut que je vive jusqu'à ce que Fabien et Marie-Laure soient à la retraite, je peux tomber malade ou infirme, mes enfants me mettront jamais à l'hospice. C'est pas Michel qui viendra me soigner, ni sa grande latte de femme, encore moins leurs drôles. Ils savent peut-être même pas qu'ils ont une grand-mère. C'est tout juste si on m'a fait connaître leurs naissances et leurs noms. Alors, s'ils ont droit à la moitié de mon bien, j'aime mieux rien avoir.

— Mais, mais, mais si tu es morte, qu'est-ce que ça peut bien te foutre ? dit Galabru.

— Me semble que ça m'enlèverait le goût de travailler. »

Jean-Pierre se mit à rire :

« Ma pauvre Ninie, tu te connais pas ! T'enlever le goût du travail ! Personne te le sortira jamais. Et pour ce qui te tracasse, c'est pas difficile à arranger.

— Je voudrais bien savoir comment ? Le déshériter devant notaire ? Non, je peux pas faire ça.

— La loi t'en empêcherait. Tu peux avantager ta fille, mais tu as pas le droit de tout sortir à ton fils.

— Alors ? Que veux-tu que je fasse ?

— C'est simple, tu mets le bien au nom de ta fille.

— Dans ces conditions, c'est plus à moi.

— Si, tes enfants n'ont que la nue-propriété. Toi, tu te gardes la jouissance ta vie durant. On ne sait ni qui vit ni qui meurt, tu es tranquille, quoi qu'il arrive.

— Et après moi ?

— Il n'y a pas de changement : tes enfants étaient propriétaires, ils le restent. Seulement, s'ils veulent vendre, rien ne les empêchera, mais tant que tu es là, ils le peuvent pas.

— Tu es sûr ?

— Sûr et certain. Bien d'autres que moi pourront te le dire. C'est souvent que ça se fait. Tu pourrais même passer ton bien directement sur la tête de ton petit-fils.

— Non, je ne veux pas faire dépit à Marie-Laure et Fabien, et puis David est jeune, ça ferait trop loin. »

Oui, il était encore petit, mais bientôt, il serait en âge de prendre le train seul à tous ses jours de congé.

Oui, elle s'achèterait un promène-couillon pour aller chercher David à la gare. Il habiterait chez elle, il la suivrait partout, curieux, bavard, prêt à aider.

Oui, elle lui apprendrait toutes sortes : greffer, s'occuper des petits animaux, connaître le temps, conduire le tracteur. Ah ! comme il serait fier de conduire le tracteur et comme ils seraient heureux tous les deux.

Alors, Ninie leva la tête, sa large bouche se fendit, son petit œil se remit à cligner. Avec un grand sourire, elle tendit son fusil à Jean-Pierre.

Table des matières

Chez le même éditeur

ROMANS ET RÉCITS DU TERROIR

Les romans et récits du terroir font vivre la mémoire collective à travers l'histoire d'une famille ou d'un village de nos régions. Ils permettent au lecteur de retrouver les souvenirs de sa jeunesse ou de reconstituer une tranche de vie de ses aïeuls. Les destinées se croisent, les sentiments se mêlent et nous offrent une saga vivante, témoignage précieux en ce début de siècle.

Le Pays oublié, Jean Anglade
Le Milhar aux guignes, Alain Aucouturier
Le Dénicheur d'enfance, Alain Aucouturier
La Mère-Nuit, Alain Aucouturier
Aux innocents les mains pleines, Alain Aucouturier
Le Besacier, Alain Aucouturier
Le Bon Dieu dans les orties, Alain Aucouturier
Le Prix de la terre, Georges Barthomeuf et Roger Rouzaire
La Fille de la meunière, Adrien Bobèche
Les Coulées douces, Christian Bormann
La Pierre au mercier, Maurice Bouchet
Le Printemps d'Antonia, Josette Boudou
Les Grillons du fournil, Josette Boudou
La Maison d'école, Josette Boudou
Le Mur de la destinée, Josette Boudou
Quatre sons de cloche, Geneviève Callerot
Les Cinq Filles du Grand-Barrail, Geneviève Callerot
Treize grains de maïs, Geneviève Callerot
Les Chemins d'orgueil, Marie Nicole Cappeau
Le Blé germe en hiver, Marie Nicole Cappeau
Les Promesses du haut pays, Maurice Chalayer
La Paix des collines, Maurice Chalayer
Ardéchois Cœur Fidèle, Jean Chatenet et Jean Cosmos
Les Classes creuses, François Cognéras
La Mémoire engloutie, François Cognéras
L'Odeur des noisettes, Gilbert Dalet
L'Enfant oublié, Marie de Palet